LOCUS

LOCUS

LOCUS

LOCUS

to

fiction

to 121

潘妮洛普：潘妮洛普與奧迪修斯的神話

The Penelopiad

作者：瑪格麗特·愛特伍（Margaret Atwood）

譯者：田含章

責任編輯：李芸玫、翁淑靜

封面設計：林育鋒　內頁排版：洪素貞

法律顧問：董安丹律師、顧慕堯律師

出版者：大塊文化出版股份有限公司

臺北市105022南京東路四段25號11樓

www.locuspublishing.com

讀者服務專線：0800-006689

TEL：(02)87123898　FAX：(02)87123897

郵撥帳號：18955675　戶名：大塊文化出版股份有限公司

總經銷：大和書報圖書股份有限公司

地址：新北市新莊區五工五路2號

TEL：(02) 89902588　FAX：(02) 22901658

初版一刷：2005年11月

二版一刷：2020年8月

定價：新臺幣320元

ISBN：978-986-5406-95-0

Printed in Taiwan

The Penelopiad
潘妮洛普

瑪格麗特・愛特伍（Margaret Atwood） 著
田含章 譯

……狡猾的奧迪修斯！……你這男人真是走運，娶了個這麼賢慧出色的妻子！你那完美的潘妮洛普，伊卡里斯王的女兒，真是忠貞不貳！瞧她多麼忠誠，守著她年少時對丈夫的回憶。她德行的光輝不隨時間而消褪，不朽的神明必將譜出美妙的歌曲，在終歸一死的世人耳邊，讚揚為夫守節的潘妮洛普。

《奧德賽》卷二十四（一九一～一九四）

……他拾起一條從搖著藍槳的船上拿來的纜索，一頭牢牢綁在門廊的圓柱上，另一頭高高甩過牢房，這樣她們的腳才不會著地。好比掉進陷阱裡的長翼鶇鳥或鴿子……女僕的頭緊緊吊成一排，脖子上綁著繩索，這是她們最悲慘的下場。她們的腳抖動了幾下，但很快就不動了。

《奧德賽》卷二十二（四七〇～四七三）

目錄

獻給我的家人

序

奧迪修斯離家二十年，終於回到故鄉綺色佳，這段故事流傳甚廣，其中以荷馬的《奧德賽》最爲人知。據說奧迪修斯離家期間，前十年參加特洛伊戰爭，後十年則在愛琴海漂流，希望找到回家的路。途中歷盡艱難險阻，有時擊敗怪獸，有時不戰而走，偶爾也和女神上床。關於「狡猾奧迪修斯」的性格，歷來有許多評論：有人說他是高明的騙子、僞裝大師，靠著小聰明和詭計多端行走江湖，但往往聰明反被聰明誤。奧迪修斯的守護神雅典娜，對他的智計百出感到相當欽佩。

在《奧德賽》裡，將斯巴達王伊卡里斯的女兒潘妮洛普（她也是美貌的特洛伊海倫的堂妹）描繪成忠貞不貳的完美妻子，以智慧和孝順著稱。奧迪修斯遲遲不返，她時常哭泣，祈禱丈夫早日歸來。面對成天在她的宮殿出沒，侵吞奧迪修斯的家產，想藉此逼她改嫁的眾多追求者，潘妮洛普也施以巧計讓他們無功而返。她一面親手編織壽衣，一面佯稱等壽衣織完之後就會決定嫁給誰，但是她卻趁夜晚把織好的壽衣拆掉，故意拖延時間。《奧德賽》裡還提到她和青春期的兒子泰勒馬科斯之間的衝突。泰勒馬科斯不但揚言對付惹是生非的強悍追求者，更揚言要對付親生母親。最後，奧迪修斯帶著兒子屠殺追求者，吊死十二名和追求者私通的女僕，和妻子潘妮洛普團圓，史詩也在此劃下句點。

然而，荷馬的《奧德賽》並非故事的唯一版本。神話最初都是口耳相傳，而且各地不同：同樣的故事這裡如此描述，那裡卻是另一種說法。我讀過《奧德賽》之外的其他資料，裡頭尤其詳細談到潘妮洛普的出身，她的年少歲月與婚姻，以及有關她的種種謠言中傷。

因此，我決定來說說潘妮洛普和那十二名被吊死的女僕的故事。在我的故事裡，這十二名女僕組成吟唱班，用詩歌追問任何讀過《奧德賽》的人都會提的問題：十二名女僕為什麼被吊死？潘妮洛普真正的想法又是什麼？《奧德賽》根本站不住腳，裡頭太多前後矛盾的地方。而在《潘妮洛普》裡最常盤據我思緒的，始終是那十二名女僕，和潘妮洛普。

1 不入流的藝術

我現在既然死了，就什麼都明白了。這就是我所希望的結局，但就像我許多其他的願望，它也沒有成眞。我只比死前多知道一些捕風捉影、似是而非的說法。不消說，爲了滿足好奇心而付出的代價實在太高了。

過世之後——變成沒骨頭、沒雙唇、沒胸脯之後——我知道了一些事，就像你坐在窗邊或誤拆別人的信，無意間得知一些事，但我寧願毫不知情。你希望自己有讀心術？建議你最好再考慮考慮。

來這兒的人身上都背了一個包袱，像只捕風袋，不過裝的不是風，而是滿滿的話語——你說過的話、聽來的話、別人談論你的話。有的袋子很小，有的很大；我的算是不大不小，裡頭很多話和我那出色的丈夫有關。有人說，看他把我騙得多慘。騙人當然是他的專長之一。他什麼事都躲得過，而逃跑又是他的另一項專長。

他總是一副理直氣壯的模樣，許多人都相信，他說的就是事實。犯下幾件謀殺、解決多少獨眼怪獸和送上門來的美女。有些時候，就連我都信了他。我知道他計謀多，愛說謊，卻沒想到他會把計謀謊言用在我身上。我不是忠貞不貳嗎？不是等了又等，就算面對誘惑——甚至強迫——也沒動搖嗎？然而，在他的說法成為公認的事實之後，我得到什麼？變成教化人心的一則傳奇，變成鞭打其他女人的一根棍子。她們為什麼不能像我一樣體貼，像我一樣值得信賴，像我一樣吃苦耐勞？那些寫歌的、說故事的，唱的寫的就是這麼回事。我眞想對著你的耳朵大喊：千萬不要學我！——沒錯，就是你的耳朵。我想大喊，卻只能發出貓頭鷹的咕嚕聲。

我當然也察覺到一些蛛絲馬跡，關於他的狡詐、滑頭、狐狸般的個性，還有我該怎麼說呢——他的不擇手段，但我卻裝作什麼都沒看見。我什麼都不說，就算開口，也是極力讚揚。我不自相矛盾，也不問難堪的問題，總之，我不追根究底。那時候，我只希望能有快樂的結局，要有快樂的結局，最好的方法就是不管外頭風狂雨驟，把門鎖好睡你的覺。

然而，等到大事底定，傳奇色彩變淡之後，我才發現其實有很多人在背後笑我——我才曉得他們是怎麼奚落我。他們拿我當笑柄，開些不痛不癢的玩笑或是有顏色的玩笑，還把我的事情編成故事，甚至好幾個故事，但都不是我想聽到的那種故事。蜚短流長都已經傳遍全世界，我一個女人家還能怎麼辦？只怕拚命爲自己開脫，反而會越描越黑。所以，我繼續等待。

現在，那些人都已經擠不出東西來講了，就輪到我來跟各位說故事了。這是我必須爲自己做的一件事。我得打起精神才能講得出來：畢竟，說故事算不上什麼藝術。老女人特別喜歡說故事，四處遊蕩的乞丐、盲眼歌手、女傭和小孩子都愛說故事——這些閒功夫很多的傢伙們。如果以前我想扮成吟遊詩人，還會被別人嘲笑——沒有什麼比貴族搞藝術更荒謬的了——但現在有誰在乎輿論啊？這些在地底下的人的意見，是影子的意見，是回聲的意見。所以，我決定想說什麼就說什麼。

難就難在我沒有可以說話的嘴巴。我沒辦法理解你們世界（有身體世界）裡的聲音和手勢。而且大多數時候，我都沒有聽眾，起碼在對岸你們那邊沒有。你們當中或許有人聽得見奇怪的呢喃或詭異的尖叫，卻很容易把我的話語當成微風吹過乾枯蘆葦的聲音、黃昏的蝙蝠，或惱人的惡夢。

不過，我向來是個意志堅決的人。有耐心的女人，人們往往這麼說我。我喜歡看到事情有始有終。

2 吟唱：跳繩，韻詩

我們是女僕
你殺了我們
你背棄我們

我們在空中舞動
赤裸的雙腳抽搐
這算哪門子公平

追著女神、女王或淫賤女子
跟前跟後
你只顧找自己的樂子

我們做得太少
和你相比
你便覺得我們不好

你有長矛
你有語言
供你差遣

我們擦光

死去的情郎
灑在地上椅子上
還有樓梯和門上的血

我們跪在水中
而你死命地瞧

我們的赤腳
這算哪門子公平
你舔舐我們的驚恐
那讓你快樂
你舉起手
看我們墜下

我們在空中舞動
你背棄我們
你殺了我們

3 我的童年

我該從哪裡說起呢？其實只有兩種選擇：從頭開始，或者不從頭開始。不過，如果眞要話說從頭，那得從世界的開端說起，之後這件事如何引發另一件事。但是關於這些，始終說法不一，所以，我還是從出生那天說起好了。

我的父親是斯巴達王伊卡里斯，母親則是水精靈奈雅德。那時候，水精靈的女兒多得很，到處都是，一點也不稀奇。不過，半人半神的血統其實沒什麼壞處，起碼沒有立即的壞處。

我還很小的時候，父親曾經下令把我扔到海裡。我活著的時候，始終不清楚原因。不過現在我認爲，應該是女祭司跟他說，我會親手縫製他的壽衣，他才會這麼做。他可能覺得只要先把我殺了，就不會有人爲他縫製壽衣，他就可以永生不死了。我能了解他的想法。按照這個說法，他想把我淹死，其實是爲了保護自己，這點不難理解。但他肯定是聽錯了（或許是女祭司自己聽錯了）——神說話常常含糊不清——因爲神諭裡說的壽衣，不是他的，是我公公的。要是神諭講的是我丈夫的父親，那就沒有錯。而且老實說，縫製這套壽衣後來還眞帶給我莫大的方便。

我知道，這年頭已經不時興教女孩子女紅了，幸好我那時還沒這樣。手上有事情忙，總是有好處。要是有人對你說些難堪的話，還可以假裝沒聽到，也就不用回答了。

不過，說不定我對縫製壽衣這個神諭的解釋，是沒有根據的。可能只是我編造出來，好讓自己舒服一點。洞穴裡、草叢中到處都是耳語，有時候實在讓人很難分辨，耳語到底來自旁人，還是你自己的腦袋。我說「腦袋」只是一種形容，因爲我們下面這裡的人早就沒有腦袋了。

＊＊＊

無所謂，反正我就是被扔進海裡了。你問我還記不記得海浪把我捲走，記不記得空氣從我肺部跑走，還有，我有沒有像傳說溺水的人一樣聽見鐘聲。老實講，我什麼也不記得，什麼也沒聽到。這些都是人家告訴我的：就是會有僕人、奴隸、老保姆或好管閒事的人，喜歡告訴小孩他的父母對他做了什麼因爲他年紀太小所以不記得的恐怖事情。知道這件讓人沮喪的往事，並沒有改善我和父親的關係。反倒是因爲這件事——或者應該說，因爲我知道了這件事——讓我對其他人做事的動機總是有所保留，甚至無法信任。

不過，伊卡里斯竟然想把水精靈的女兒溺死，還眞是夠蠢的。水是我們生命的元素，是我們天賦的資產。雖然我們不像水精靈母親那麼深諳水性，但起碼懂得怎麼漂浮，而且跟魚和海鳥都很要好。因此，一群紫色條紋的水鴨立刻過來救我，把我拖上岸邊。發生這樣的預兆，我父親還能怎麼辦？他只能把我帶回家，爲我改了名字——我從此就有了新的小名「小鴨」。他顯然對自己差點鑄成的大錯深感歉疚：他完全變了個人，對我嬌寵溺愛。

我發覺自己很難回報他的感情，或許你能理解。你瞧，我和好像很喜歡我的父親手牽手，走在懸崖邊、河岸旁或沿著欄杆漫步時，卻總是忍不住擔心，他可能突然把我推下懸崖，或用石頭狠狠把我打死。面對這種情形，還要保持表面的冷靜，實在不容易。散步之後，我會回到房間，泡在洶湧的淚水裡（我現在應該可以坦白說了，水精靈的子女有個毛病，就是愛哭。我在世上起碼有四分之一的時間在哭，哭得眼睛都快瞎了，幸好那時候流行戴面紗，可以遮掩紅腫的眼睛，很好用）。

我母親就跟其他水精靈一樣美，但是心腸卻很冷酷。她的秀髮如雲，有酒渦和漣漪般的笑聲。她難以捉摸。我小時候常常想摟著她，但她總是習慣閃躲。我喜歡想像是她叫那群水鴨去救我的，但可能不是。她喜歡在河裡游泳，更勝於照顧小孩，因此，我常常在她心頭一閃即逝。就算父親沒有把我扔進海裡，她也可能出於憤怒或心不在焉而這麼做。她很容易分心，情緒起伏很快。

我告訴你這些，你或許能夠明白，我很小就養成了自己照顧自己的美德——如果這能算美德的話。我那時就發現，在這個世上，我必須照顧自己，家人根本就不可靠。

4 吟唱：悼念孩子，輓歌

我們也曾是孩子。我們也曾生錯了家庭。窮困的父母、爲人奴僕的父母、種田的父母和身爲農奴的父母。他們賣掉我們，讓別人從他們手中將我們偷走。他們不是神，也不是半神半人，更不是仙子或水精靈。我們從小就被送到宮殿工作，辛苦勞動，從日出到日落。哭泣的時候，沒有人會抹去我們的眼淚，睡著的時候，總是被人踢醒。他們說，我們沒有母親，還說，我們沒有父親。他們更說，我們非常懶惰，說我們骯髒。我們是骯髒沒錯。骯髒跟我們有關，骯髒是我們的事，骯髒是我們的專長，骯髒是我們的錯。我們是骯髒的女孩。要是主人或來訪的貴族，或他們的兒子，想要跟我們上床，我們不能拒絕。哭泣沒什麼用，說自己很痛苦也沒有用。這些都發生在我們小的時候。小時候越可愛，生活越悲慘。我們研磨麵粉，爲豪奢的婚宴做準備，自己卻只能吃剩菜殘羹。我們不可能擁有自己的婚宴，沒有人會爲我們交換昂貴的禮物。我們的身體毫無價值。然而，我們也想唱歌跳舞，我們也想幸福。我們年紀越長，做人越圓滑，越精明。我們學會在背後嘲弄別人。我們從小就會扭腰擺臀、躡手躡腳、眨眼、擠眉弄眼做暗號。我們在豬圈後面跟男孩約會，貴族男孩、平民男孩。我們在稻草堆、泥巴和糞土堆裡翻滾，在爲主人準備的柔軟羊毛床上翻滾。我們喝杯裡剩的酒，朝菜盤吐口水。我們躲在明亮的大廳和黑暗的洗碗間，囫圇吞下偷來的肉。夜裡，我們在閣樓裡一起嘻笑。我們不放過任何攫取的機會。

5 常春花

這裡很暗，就跟很多人形容得一樣。「死黑」，他們常這麼說，還有「陰沉的冥王廳堂」等等之類的。呃，這裡很暗沒錯，但暗也有暗的好處。比方說，要是見到你不想跟他說話的人，永遠都可以假裝沒看到他。

這裡當然有常春花田，任何人隨時都能進去逛。那裡比較亮，不過舞蹈很無聊，實際上沒有聽起來好——「常春花田」聽起來就滿詩情畫意的。常春花，常春花，常春花眞的是很美的白花，但很快就會讓人生厭了。要是能有些變化就好了，例如不同的顏色啦、蜿蜒的小徑啦、還有觀景台、石椅子和噴泉之類的。我希望起碼能種些風信子，或者至少穿插幾株番紅花。會不會要求太多了點？可是這裡沒有春天，也沒有其他季節。你實在很難不去想，當初是誰設計這個地方的。

我有跟你們提過，這裡的食物只有常春花嗎？

不過，我不應該抱怨的。

陰沉的洞穴總是比較有趣——要是能遇到小奸小惡的傢伙——扒手、股票經紀人或三流的皮條客——講起話來感覺更好。我跟很多乖乖牌女孩一樣，總是暗自受這種人吸引。

不過，我其實很少到很深的地方。那裡是專門懲罰眞正的惡棍的地方，他們活著的時候，並沒有得到應有的懲罰。那些人的叫聲實在讓人受不了，不過，折磨主要是心理層面的，因爲我們已經沒有身體了。諸神最喜歡的就是辦宴會——大盤大盤的肉、堆積如山的麵包和成串的葡萄——之後再把食物偷走。要人將很重的石頭滾上很陡的斜坡，也是他們很喜歡開的玩笑。我有時候眞的很想下去那裡，因爲在那裡可能會讓我想起眞正飢餓的感覺，還有困乏的感覺。

偶爾，霧會散去，我們就能瞥見活人的世界。感覺就像在骯髒的玻璃窗戶上擦出一塊地方往外看。有時路障會消失，我們就能出去走走，這時候，我們都非常興奮，因此到處都是吱吱喳喳的聲音。

外出活動的方式很多。以前，想問我們問題的人，只要割開羊或牛或豬的喉嚨，讓血流到地上的溝裡就可以。我們聞到味道，就會立刻抄小路趕到現場，跟奔向屍體的蒼蠅一樣。到了那裡，我們會窸窣振翅，數量成千上萬，彷彿巨大的廢紙簍裡的廢紙被龍捲風掃到，這時，自詡為英雄的人會拔劍出鞘將我們擋開，直到我們當中他想請教的那個人出現為止。接著我們會說幾個曖昧不清的預言：我們學到要讓預言曖昧。何必要把一切都告訴他們呢？這樣才能吊足他們的胃口，讓他們以後還會繼續用更多的牛、豬、羊或其他東西召喚我們。

只要給英雄聽到足夠的幾句話，我們就可以飲用溝裡的血。我們在這種場合完全不顧自己的形象。大家推來擠去，喝得吱喳聲響，血汁四濺，放眼望去到處都是腥紅色的臉頰。不過，鮮血再次流過已經不復存在的血管，那種感覺真棒，就算稍縱即逝也夠了。

我們有時候也會在夢裡出現，不過，這比較難讓人滿足。還有些人是沒有被好好安葬，因而還困在錯誤的對岸。他們陰鬱地四處飄盪，往哪兒都不對，在人世間引起很多麻煩。

經過幾百，說不定是幾千年之後——在這裡要計算時間很困難，因爲這裡其實沒有所謂的時間——習俗整個改變了。再也沒有活人常常來到地下世界了，而我們所處的世界，也因爲半路上出現更讓人歎爲觀止的東西，風采全給搶走了。烈火坑、青面獠牙、咬人蟲，還有手拿叉耙的魔鬼……讓人看得眼花瞭亂。

不過，偶爾還是有魔術師或施咒的人呼喚我們——跟地獄之火訂契約的人——或是其他小角色、算命師或通靈人之類的傢伙。跟他們打交道實在有失身分，你得在粉筆畫的圈裡或鋪滿天鵝絨的房裡現形，只因爲有人想看你。不過，這倒是能讓我們知道活人世界正在發生的事情。例如，我就對電燈的發明非常感興趣，還有二十世紀的質能互換原理。最近我們當中甚至有些人，能夠藉著新近環繞地球的乙太波系統到處旅行，並且看著一個現在已經被當成是每個家庭的神龕的平面發光體，來向外界探索。說不定諸神當初就是靠這個，才能夠瞬間來去——他們肯定也有類似的東西供他們差遣。

魔術師從來沒有召喚過我。我是很有名沒錯——不信你問別人——但因爲某種原因，他們就是不想見到我。倒是我堂姊海倫常常被人召喚。感覺似乎很不公平——我又沒做過什麼惡名昭彰的事，尤其和性沾不上一點邊，海倫卻是聲名狼藉。當然，她人眞的很美。據說她是從蛋裡生出來的，是宙斯的女兒。宙斯化身天鵝，強暴了她的母親。她對這件事非常自豪，我是說海倫。我不曉得，有多少人眞的相信這套天鵝強暴的說法。當時類似的故事非常多——諸神好像沒辦法把手或腳掌或鳥嘴從人類女人身上移開，他們不是強暴這個女人，就是強暴那個女人。

總之，魔術師堅持要看海倫，而她也樂於從命。感覺就像回到當年，有很多男人對她目瞪口呆。她喜歡穿著在特洛伊常穿的衣服，我個人覺得是太過繁複，不過就像法國人說的，chacun à son goût，意思是各人有各人的品味。她會慢慢回過身，接著低頭抬眼看著召喚她的人，同時露出她的招牌狎暱笑容，然後他們就拜倒在她的石榴裙下了。或者，她會以另一種面貌出現，就是特洛伊城祝融漫天，她憤怒的丈夫梅勒勞斯手執復仇利劍指著她，她那時的神情姿態。她只消露出她天下無雙的一邊乳房，梅勒勞斯立刻當場跪倒，垂涎乞求要她回去。

至於我嘛……呃，人家都說我很美，他們必須這麼說，因爲我是公主，而且沒多久就成爲王后，但事實是，我雖然不是畸形，長得也不醜，卻平凡得不會讓人想要多看一眼。不過，我很聰明，在當時看來，其實可以說是非常聰明。這似乎才是我出名的地方：聰明。聰明，加上我的編織、對丈夫的忠貞，還有愼思明辨。

換成你是魔術師，冒著失去靈魂的危險施黑魔術，你會捨棄一位讓數以百計的男人慾火中燒，導致一座大城市化爲灰燼的女人，而去召喚一個相貌平平，但是非常聰明，善於編織，從來不會紅杏出牆的妻子嗎？

我也不會。

✲　✲　✲

海倫從來不曾受過懲罰，從來沒有。爲什麼沒有？我很想知道。其他人不是被海蛇勒死，被暴風雨淹死，被箭射死，就是變成蜘蛛。更何況他們犯的罪比她小多了，不過就是吃錯牛隻、胡亂吹噓之類的小事。你可能覺得，海倫起碼也該得到一頓好打，畢竟她讓無數人受苦受難，但卻沒有。

我不在意。

也不會在意。

因爲有其他事情分散我的注意。

這就得談到我的婚姻。

6 我的婚姻

我的婚姻是靠安排的。當時的規矩就是這樣：每個人結婚都靠長輩安排。我不是指禮服、花、晚宴和音樂之類的東西，那些我們當然有，就像現在的人一樣，我所謂的安排可沒有這麼正大光明。

按過去的規矩，只有重要人物才能結婚，因爲只有他們有遺產。其他人都是各種不同方式的野合——強暴、誘拐、歡愛和一夜情，不是跟自稱是牧羊人的神，就是跟自稱是神的牧羊人。偶爾女神也會來參一腳，化爲會衰亡的肉身，好比說女王假扮成擠牛奶的女僕，但是跟她交手的男性最後不是陽壽變短，就是暴斃身亡。永生的神和會死的人格格不入：就像火和泥巴摻在一起，只不過火永遠是贏家。

神總是把事情弄得一團糟，而且從來不嫌煩，老實說，他們根本樂此不疲。他們就喜歡看人因爲和神縱慾過度，導致眼袋中的雙眼像有火在燒，他們會因此笑得全身顫抖。神有些下作的孩子氣。我現在可以這麼說，是因爲我已經沒有身體了，已經不必承受那種痛苦，而且神反正根本沒在聽。就我所知，他們都已經睡了。在各位的世界裡，已經沒辦法像從前一樣，受到神的造訪，除非你嗑藥。

我講到哪裡了？喔，對，婚姻。結婚是爲了小孩，但小孩不是玩具，也不是寵物，小孩是傳承東西的工具。這東西是王國、豐厚的聘禮、故事、怨恨或世仇。透過小孩，就能成群結黨，透過小孩，可以撥亂反正。有了小孩，就多了一份力量。

如果你有敵人，最好把他兒子殺得一個不留，就算他兒子還嗷嗷待哺也一樣。不然等他們長大了，肯定把你幹掉。就算殺不了他們，也要把他們改頭換面，送得遠遠的，或是把他們賣去當奴隸。但只要他們還活著，對你就是威脅。

如果你有的不是兒子，是女兒，就要快點把她們養大，這樣才能生孫子。家族裡的劍客和長矛手是越多越好，因爲附近一些豪傑都虎視眈眈地想要找藉口攻擊國王或貴族，而後盡情搜括，就連人也不放過。一個虛弱的掌權者，就是別人的機會，所以，只要是國王和貴族，就絕對不能錯失任何可以拿得到的幫助。

所以，想也知道，時間一到，就有人會被安排結婚。

在我父親伊卡里斯王的宮廷裡，還保持著比武招親的古代的習俗，就是靠比賽決定由誰來娶（所謂）待字閨中的貴族女性。誰贏了比賽，誰就能得到女人和婚禮，他入贅到新娘父親的宮裡，繼續貢獻男的子嗣。他靠婚姻獲得財富——金杯、銀碗、馬匹、袍子和武器，這些在我還活著的時候，被視作珍寶的垃圾。而他的家人也會送來同樣的一堆垃圾。

我敢說它們是「垃圾」，是因爲我知道這些東西的下場，不是爛在土裡，就是沉到海底，不然就是壞了或被熔掉。有些最後會進到巨大的「宮殿」裡，怪的是，這些「宮殿」既沒國王，也沒王后，只有無數穿著隨便的人來來去去，盯著再也用不到的金杯銀碗瞧。之後，這些人會走到「宮殿」裡一個像市場的地方，買這些東西的圖片，或是迷你的複製品，但這些複製品既不是金的，也不是銀的。所以，我才說是「垃圾」。

按照古代習俗，大批金光閃閃的聘禮要放在新娘家，也就是新娘家的宮殿裡。說不定父親沒把我溺死，之後對我這麼依戀，就是這個原因：我在哪兒，哪兒就有財富。

（他爲什麼想把我溺死？這個問題還是困擾著我。雖然我覺得編織壽衣這個說法不是很合理，卻也找不出眞正的答案，就算在地底下也一樣。我每回看到父親在遠處吃力地穿越常春花田並試著追上他時，他總是匆匆走開，好像不想面對我。

我有時會想，或許自己是獻給海神的祭品，海神最喜歡吃人。不過，後來是水鴨拯救了我，完全不假父親之手。我想，父親或許會辯稱，他已經達成了跟海神的片面交易，如果眞有交易的話，他這樣也不算作弊，就算海神沒辦法把我拖下去，吃了我，那也是他自己運氣不好。這個說法，我越想越喜歡，聽起來很有道理。）

請你想像一下，我是個聰明但不很漂亮的女孩子，到了適婚年齡，嗯，十五歲吧。想像我正在房裡望向窗外——我的房間在宮殿二樓——看著下方的庭院，參加比武招親的人正在聚集：全都是年輕人，希望贏得比賽，牽得我的手。

當然，我並沒有直接往窗外看。我可不像那些長得粗粗壯壯的女傭，兩肘支在窗台上，不知羞恥地盯著人看。我是偷看。從窗帘和臉上的面紗後。讓那些衣不蔽體的年輕人看到我的臉，那可不成。宮裡的女侍儘可能把我打扮成洋娃娃一樣，吟遊詩人也譜曲讚美我——盡是「像愛神一樣光彩奪目」之類的陳腔濫調——但我卻覺得既害羞，又悲慘。年輕的男人彼此嘻笑，似乎處得非常愉快，沒有任何人往上看。

我知道，他們爭的其實不是我，不是小鴨潘妮洛普，而是附帶的那些東西——跟王室的裙帶關係和一堆閃閃發亮的垃圾。不會有男人因爲愛我而犧牲自己性命。

＊ ＊ ＊

確實沒有。別以爲我希望他們爲我自殺，我又不是吃人魔，也不是在專門海上誘惑水手的女妖。我也不像堂姊海倫那樣，喜歡爲了證明自己能讓男人彼此競爭而這麼做。等勝利的男人匍匐在她跟前的時候（通常都不需要太久）她卻頭也不回地走了，留下漫不經心的笑聲，彷彿剛剛看到了宮廷侏儒可笑地用頭倒立一樣。

我是個好心的女孩——比海倫好心，我是這麼覺得。我知道，我得拿出美貌之外的東西。我很聰明，大家都這麼說——其實他們老是這麼說，讓我覺得更沮喪。不過，男人倒是眞的希望妻子很聰明，但妻子要離自己遠遠的。如果是在身邊的話，只要好心就夠了，就算沒有其它迷人的特點也沒關係。

我未來的丈夫，最可能的人選就是家大業大的王子——比方說，奈斯特王的那幾位公子。這樣的姻親關係對父王伊卡里斯有利。我透過面紗，研究底下鼓譟喧譁的年輕男人，試著認出誰是誰，還有——其實這根本沒什麼用，因爲我又沒有辦法選擇自己的丈夫——我比較喜歡誰。

我身邊有幾個丫鬟——她們從不讓我落單，因爲除非我穩穩當當嫁人，否則處處危機四伏。誰曉得會不會突然殺出一個想要謀取不義之財的小混混來騙婚，或是想要誘拐我私奔呢？這幾個丫鬟還是我的情報來源。她們的嘴巴就像噴泉一樣，成天在講雞毛蒜皮的八卦，她們可以在宮廷裡自由來去，可以從各個角度觀察男人，聽他們說話，還可以盡情跟他們說說笑笑：根本沒人在意誰千方百計地想鑽進她們腿間。

「那個闊胸膛的是誰？」我問。

「喔，就是奧迪修斯嘛，」一個丫鬟說。他並不被列入——起碼丫鬟們這麼覺得——我的夫婿的熱門人選。他父親的宮殿在綺色佳，那裡是遍布山羊的岩石地。他衣著土氣，一副自以爲了不起的鄉紳模樣，他大發議論，引人側目。不過，大家都說他很聰明。其實有點聰明過了頭。其他年輕小夥子都拿他開玩笑——「別跟他賭博，他是信差之神赫密士的朋友，」他們說：「你不可能贏他的。」彷彿是在說，奧迪修斯喜歡當騙子和小偷。他的外祖父奧圖里可斯正是以作弊和偷盜出名，傳說他一輩子從來沒有正正當當贏過任何東西。

「不曉得他能跑多快，」我說。有些國家，比武招親的項目是摔角。有些是賽戰車，我們就只是賽跑。

「快不到哪裡去吧，就憑他那雙短腿，」一個丫鬟刻薄地說道。的確，奧迪修斯的雙腿比起上半身算是短的，坐下來的時候感覺還好，你不會注意，但是站起來就會讓人覺得頭重腳輕。

「起碼追不到『你』，」另一個丫鬟說：「你不會希望早上醒來，發現自己跟丈夫，還有一大群阿波羅牛躺在床上吧，」這是取笑赫密士的話。他出生那天就去偷東西，竟然還大膽地攻擊牛群。「除非裡頭有隻公牛，」另一個丫鬟說。「不然就是山羊，」第三個丫鬟說。「要不就是又大又壯的公羊！我敢說小鴨就愛這個！她很快就會像羊一樣咩咩叫了！」「要是我也能遇到一個，倒是不錯，」第四個丫鬟說。「公羊總比現在這裡的那些小寶寶手指好。」說完，她們全都笑了，手摀著嘴，笑得鼻子噗噗噴氣。

我覺得很丟臉。我聽不懂笑點在哪裡，當時還不曉得，因此搞不清楚她們爲什麼笑，雖然我知道她們在笑我，卻不知道怎麼讓她們住嘴。

＊　＊　＊

就在這時候，堂姊海倫大搖大擺地走過來了。她幻想自己是長頸天鵝，走起路來搖曳生姿，而且還刻意強調。雖然是我要結婚，她卻希望焦點集中在她身上。她還是那麼美，甚至更美了，她眞是美得過火。她的穿著打扮無可挑剔，她的丈夫梅勒勞斯總是要她精心打扮——由於他錢多得像糞土一樣，所以負擔得起。海倫側臉看我，挑逗地看著我，彷彿在跟我調情。我猜她連看到自己的狗、鏡子、梳子和床柱都會調情。她需要不斷練習。

「我覺得，奧迪修斯對我們的小鴨鴨來說，是非常理想的丈夫。」她說道：「她喜歡安靜的生活，假如他不是自誇，眞的娶到她，帶她到綺色佳，她就心滿意足了。她可以幫他照看山羊，她和奧迪修斯是天生一對，腿都很短。」她輕描淡寫地說，但通常她說得越輕鬆，話就越毒。爲什麼美麗的人老是覺得，世界上其他人的存在都是爲了取悅他們呢？

丫鬟們都在偷笑。我整個人都崩潰了。我從來不覺得自己的腿很短，當然也沒想到海倫會注意到。然而，別人的優雅姿態和身體缺陷，從來躲不過她的法眼。就因爲這點，她後來才會搞上巴里斯——他比滿頭紅髮，體型笨重的梅勒勞斯俊美太多了。而梅勒勞斯唯一的長處，並被後人寫進詩裡的，就是他嗓門很大。

丫鬟全都看著我，看我會說什麼。但海倫就是有辦法讓人說不出話來，連我也不例外。

「沒關係啦，小表妹，」她對我說，同時拍拍我的手臂：「他們說他很聰明，又說你也很聰明。所以，你應該可以聽懂他在講什麼。我是肯定沒辦法啦。他沒贏得『我』只能說是我們倆運氣好！」

說完，她露出那種假惺惺的笑容，彷彿是有機會先試嚐一口不好吃的香腸，但是她卻因爲看不上而拒絕了。的確，奧迪修斯曾經也是她的追求者之一，而他也跟地球上其他男人一樣，拚了命想贏得她。現在他又來追求充其量也只能算是二獎的我。

海倫螯完人，便一派輕鬆地走了。丫鬟們開始討論她璀璨生輝的項鍊、閃閃發光的耳環、完美的鼻梁、優雅的髮型、晶瑩的雙眼，還有她亮麗袍子邊緣的織法多有品味。好像我根本不在場似的。而那天還是我的大喜之日呢。

這一切眞是令人痛徹心扉，於是我開始掉淚，就像後來我也常哭一樣，並且被人帶到床上躺著。

＊　＊　＊

結果，我沒看到比賽。奧迪修斯贏了。他靠作弊贏的，我後來才知道。我伯伯廷達魯斯，也就是海倫的父親——雖然我之前跟說過，有人說宙斯才是她的親生父親——幫他贏的。他在其他參賽者的酒裡摻了藥，讓他們在不知不覺的情況下腳步變慢。至於奧迪修斯，他給的是相反的藥。我知道，服藥這種事已經行之有年了，就算到現在，活人世界的體育比賽還是有人服藥。

爲什麼伯伯廷達魯斯要用這種方法幫我未來的丈夫呢？他們不是朋友，也沒有結黨。廷達魯斯這麼做有什麼好處？我伯伯從來沒有——相信我——純粹出於善意幫過人，他的善意經常缺貨。

有人說，奧迪修斯幫了廷達魯斯一個忙，而我就是報償。之前眾人爭奪海倫，情況變得越來越火爆的時候，奧迪修斯想辦法要所有競爭者發誓，無論最後是誰獲勝，如果有人想把海倫從贏者身邊奪走，其他人都要出面阻止。就這樣，情況立刻冷靜下來，讓梅勒勞斯的比賽得以順利進行。他那時肯定知道自己已經沒有希望了，因此根據傳言指出，奧迪修斯跟廷達魯斯講好：只要能讓亮麗動人的海倫平安完成婚禮，並且好好賺上一筆聘禮，奧迪修斯就能娶平庸的潘妮洛普回家。

但我覺得不是這樣。我的想法是，廷達魯斯和我父親伊卡里斯都是斯巴達的王，他們本來應該輪流統治斯巴達，每人統治一年，照順序輪，廷達魯斯卻想要永遠占據王位，後來也眞的成功了。因此，很可能是他先打聽所有追求者的勝算和他們的計畫，發現奧迪修斯有個異想天開的主意，就是妻子應該住到夫家，而不是先生住到妻家。廷達魯斯所打的如意算盤是，我和我可能生的兒子如果眞的被送到很遠的地方，那就太好了。假如兩人火拚，來幫他弟弟伊卡里斯的人就少了。

不管背後有什麼陰謀，反正，奧迪修斯就是作弊贏了。婚禮上，我看見海倫看著典禮進行，臉上露出邪惡的微笑。她覺得我被抵押給一個粗鄙的傻蛋，會被這傻蛋拖到枯燥乏味的窮鄉僻壤，而她一點也不難過。她說不定早就知道，這件事情已成定局。

至於我嘛，差點熬不過婚禮——犧牲、祭神、灑水淨身、奠酒、祝禱和沒完沒了的歌唱。我覺得頭很暈，而且低垂著眼，因此只看到奧迪修斯的下半身。短腿，我忍不住一直想，連莊嚴的時刻也停不下來。我不應該想這個的——想這個很蠢又沒意義，而且讓我很想笑——但我必須替自己說句公道話，那時我才十五歲呢。

7 疤痕

於是，我就這麼像一包肉似的交到奧迪修斯手裡。不過要記得，是用黃金包著的肉，就像鍍了金的血布丁。

各位可能搞不清楚狀況，才會笑出來。就讓我補充說明一下：肉在當時可是非常貴重——菁英貴族成天都在吃肉、肉、肉，而且只會用烤的，那時畢竟沒有人懂高級料理。喔，我差點忘了，還有麵包，不過當然只是白麵包，麵包、麵包、麵包，和酒、酒、酒。我們當然還吃一些奇蔬異果，但各位可能沒聽過，因爲沒什麼人把蔬菜水果寫進歌裡。

神就跟我們一樣想吃肉，但他們每回從我們這裡拿到的，總是只有骨頭和脂肪，而這都得感謝普羅米修斯的那隻偷天換日的巧手：劣等牛肉假裝成高級牛肉裝在袋子裡，只有白痴才看不出來，但宙斯就上當了。這似乎證明一件事，就是諸神並不像他們希望我們相信的那麼聰明。

我這麼說，是因爲我已經死了，不然我才不敢說呢。你永遠也不知道，是不是有神假扮成乞丐、老朋友或陌生人在你身邊偷聽。的確，我偶爾是很懷疑他們存不存在，我是說諸神，不過在我活著的時候，我覺得還是不要冒險比較好。

＊＊＊

我婚宴那天什麼都多——一堆堆泛著油光的肉、一塊塊香氣四溢的麵包，和一壺壺香醇的美酒。賓客的胃全都塞得滿滿的，竟然沒有人吃到吐，眞是讓人難以置信。白吃白喝，最容易讓人暴飲暴食，這是我後來學到的。

那時候，我們還是用手吃東西。食物必須使勁咬啊啃的，而且得嚼很久。不過，其實這樣比較好——有人惹你生氣的時候，至少你沒辦法順手抄起尖銳的餐具，刺在對方身上。在任何先舉行比賽再辦婚禮的場合中，總是會有幾個不甘心的輸家，不過，在我的婚宴上，倒是沒有半個失敗的追求者發脾氣。氣氛反而比較像是他們沒有標到拍賣的馬一樣。

酒摻得太烈了，因此有不少人喝得神志不清，就連我父親，也就是伊卡里斯王，也都喝得爛醉。他懷疑廷達魯斯和奧迪修斯聯手擺了他一道，但卻想不出個所以然來，因此很生氣。他一生氣，就喝得更兇，而且開始問候別人祖宗八代。不過，他是國王，所以沒有人找他決鬥。

奧迪修斯自己倒是沒醉。他就是有辦法讓自己看起來好像喝了很多，其實根本沒喝。他後來跟我說，要是男人靠機智過日子，像他這樣，就得隨時保持清醒，而且要常常鍛鍊，像練習耍劍或斧頭一樣，以備不時之需。他說，只有傻子才會到處吹噓自己酒量多好。這樣最後一定會開始比誰喝得猛喝得兇，結果他會變得全無戒備，甚至力量全失，敵人就會趁這時候下手攻擊。

至於我嘛，我什麼也吃不下。我太緊張了。我坐在那裡，結婚面紗包住臉，幾乎不敢正眼看奧迪修斯。我敢說，他一掀開面紗，扒掉斗篷、腰帶和閃閃發光的內袍，絕對會很失望。但他根本不看我，其他人也不看我。他們全部盯著海倫看。這會兒，她正巧笑倩兮地左顧右盼，不放過任何一個男人。她笑起來的模樣，總是讓每個男人以爲，她正偷偷愛著他，而且只愛他一個。

不過，幸好海倫吸引了所有人的目光，才沒人注意到我，發現我的顫抖和狼狽。我不但緊張，還非常害怕。丫鬟們在我耳邊嘰嘰喳喳，講的全是——等我進了洞房——我會怎麼四分五裂，就像土地被人犁開，還有那感覺有多痛多羞辱。

至於我母親呢，她已經克制自己很久沒像海豚那樣游來游去，好參加我的婚禮，我卻沒有表現出該有的感謝。她坐在父親的王座旁邊，穿著冷藍色的袍子，腳邊還有一小灘水。她在丫鬟們幫我二次更衣的時候，倒是說了點話，但我當時不覺得她的話很有幫助，因爲她雖然說了，卻說得拐彎抹角。不過，水精靈講話就是這樣。

下面就是她說的話：

水不抵抗，水只是流動。手伸進水裡，只會感覺到它的輕撫。水不是硬牆，不會攔你，但水總是行所當行，而且總是能克服任何阻攔。水很有耐心。孩子，滴水穿石，請你記得這點。記得你有一半是水，要是度不過難關，就繞過它，像水一樣。

婚禮和宴會結束之後，就是進洞房了，當然還有一定會有的火炬、黃色笑話和酒鬼的大喊大叫。床上已經擺滿花環，門口灑了水，也潑了祭酒。守衛就站在門外，嚴防嚇壞的新娘奪門而出，同時他們的作用也在擋住新娘的朋友，免得他們聽見新娘尖叫的時候，想要破門而入把她救出來。其實，這一切都是在作戲：杜撰的情節總是說新娘被人擄走，洞房花燭夜就是合法的強暴。照他們的說法，婚姻就該是場征服，是踐踏仇敵，是模擬謀殺。婚姻就該見血。

門關上了之後，奧迪修斯緊握住我的手，坐在床上我身邊。「別人跟你說什麼，全給忘了吧。」他輕聲對我說：「我不會弄痛你的，即使有也不很疼，但要是你能假裝疼，對你我都有好處。我聽人家說，你是個聰明的女孩子，你覺得你能弄出幾聲尖叫嗎？這樣就能讓他們滿意了——他們這會兒正在門外偷聽呢——等他們走了，我們就可以慢慢談些知心話了。」

這就是他擅長說服人的偉大訣竅之一——他可以說服別人相信，他們倆是共同面對一樁不難解決的麻煩，但卻需要同心協力才能克服。他幾乎有辦法說服任何聽眾跟他結黨營私。在這方面，沒有人做得比他更好：在這點上，傳說並沒有說謊。而且，他聲音實在很好聽，深沉又洪亮。因此，我當時當然照做了。

＊＊＊

後來我才發現，奧迪修斯其實不是那種辦完事就轉身呼呼大睡的人。很多男人這樣，不過，我會知道這件事，可不是出於我自己的經驗。我之前說過，我從丫鬟們那兒聽到很多。奧迪修斯恰好相反，他辦完事喜歡說話，而他非常健談，所以我聽得很高興。我想，他最喜歡我的就是這點吧：我能欣賞他說的故事。這是一種被低估的女性天賦。

我在無意中發現他大腿上有一道很長的疤痕。於是，他開始跟我說，這個疤痕是怎麼來的。前面提過，奧迪修斯的外祖父是奧圖里可斯，而奧圖里可斯則自稱信差之神赫密士是他的父親。或許他這麼說是想告訴別人，他是個非常高明的慣竊、騙子和老千，而且當他偷拐搶騙的時候，總是受到幸運之神的眷顧。

奧迪修斯的母親安提克蕾，也就是奧圖里可斯的女兒，嫁給綺色佳王雷爾特斯，所以現在是我婆婆。有個毀謗安提克蕾的謠言指出，她曾經被薛西弗斯騙上床，薛西弗斯才是奧迪修斯的生父，但我覺得不大可能，因爲，怎麼會有人想騙安提克蕾上床呢？這就像是引誘船頭上床一樣離譜。不過，這事還是先按下不表吧。

薛西弗斯是個非常狡猾的傢伙，聽說就連死神都被他騙過兩次：一次是騙冥王黑底斯，讓他戴上手銬，不幫他解開。另一回則是說動冥后佩西鳳，放他離開地底世界，理由是他當初沒有受到隆重的安葬，所以根本不應該越過冥河，和死人在一起。因此，謠言如果是眞的，安提克蕾的確紅杏出牆，那麼，奧迪修斯的血管裡就流著父母兩邊同樣狡猾無恥的血。

無論眞相如何，奧迪修斯的外祖父奧圖里可斯——就是他幫奧迪修斯取名字的——邀請他到帕納色斯山，去拿講好要給他的出生禮物。奧迪修斯眞的去了，還和奧圖里可斯那幾個兒子一塊兒獵熊。那隻熊格外兇猛，朝他大腿狠狠咬了一口，疤就是這麼來的。

奧迪修斯說話的表情和方式，讓我覺得其中應該另有隱情。熊爲什麼只攻擊奧迪修斯，不攻擊其他人？會不會他們早就知道熊躲在哪裡，故意設個陷阱坑他？奧圖里可斯是不是打算弄死奧迪修斯，就不用給他禮物了？誰曉得。

我覺得很可能。我很喜歡那種和丈夫有共通點的感覺：我們兩個年少的時候，都差點就被家人害死。這樣，我又找出更多我們應該廝守在一起，並且不該輕易相信別人的理由。

既然奧迪修斯告訴我疤痕的事，我也就跟他說我當年差點溺死，結果被水鴨救起來的故事。他聽得很有興趣，問了我不少問題，而且還非常同情——你找不到比他更好的聽眾。「我可憐的小鴨寶貝，」他邊說邊撫摸著我：「別擔心，我絕對不會把像你這麼珍貴的女孩給丟到海裡的。」他說完，我又哭了，於是他便用該在新婚之夜行使的方式安慰我。

因此，到了隔天早上，我和奧迪修斯眞的就像他所說的那樣成了朋友。或者我該這麼說：我已經對他產生好感了——不只如此，是熱情的愛意——而他的表現就好像他也一樣。其實不然。

幾天之後，奧迪修斯宣布他打算帶我和嫁妝回綺色佳。我父親聽了勃然大怒——他希望遵照老規矩，意思就是他要我們兩個，連同新得到的財富一起留在他的看管之下。然而，伯伯廷達魯斯支持我和奧迪修斯，他女婿（也就是海倫的丈夫）梅勒勞斯勢大力大，我父親伊卡里斯只好讓步。

各位可能已經聽說，父親追在我們的戰馬車後面，求我留下，奧迪修斯問我是不是心甘情願跟他到綺色佳去，還是想留下來，傳言說，我當時蓋下面紗，拘謹地不敢對夫君說出心裡的渴望。因此，後來世人就立了我的雕像，象徵謙抑的美德。

傳說有幾分眞實，不過，我當時之所以蓋下面紗，是因爲我笑不可抑。各位應該不會否認，看到過去想把女兒溺死的父親，竟然沿路追著大喊：「留下來陪我！」實在非常可笑。

我當時不想留下來。我迫不及待想離開斯巴達宮廷，我過得不快樂，我渴望開始一段全新的生活。

8 吟唱：假如我是公主，流行樂

演唱：眾丫鬟
伴奏：一把小提琴、一把手風琴和一支玩具錫笛

丫鬟一：
假如我是公主，穿金戴銀的公主，
有英雄愛我，我就不會老：
喔，要是年輕的英雄把我娶回去，
我就會永遠美麗、幸福、無憂無慮！

合唱：

那就揚帆出發吧，優雅的女士，與洶湧的波濤交會——
船下的海水像墓穴一樣闃黑，
或許你會隨著藍色小船沉到海底——
有希望，唯有希望，能把我們托起。

丫鬟二：

我去拿來、我去搬運，我被呼來喝去，
每天的日子都在「是，老爺」和「不是，夫人」中過去；
我笑著點頭，眼中含著淚水，
我鋪好柔軟的床，卻是給別人睡。

丫鬟三：

喔，諸神和眾先知啊，請改變我的生活，
讓年輕的英雄娶我做老婆！
但是，從來我都沒有見到英雄——
我註定了要做苦工，死亡才是我的宿命！

合唱：

那就出發吧，優雅的女士，與洶湧的波濤交會——
船下的海水像墓穴一樣闃黑，
或許你會隨著藍色小船沉到海底——
只有希望，唯有希望，能把我們托起。

眾丫鬟欠身

俏臉丫鬟梅蘭索把帽子傳過來：

先生，謝謝您。謝謝、謝謝、謝謝、謝謝。

9 得人信賴的嘮叨老太婆

渡海到綺色佳這段路，眞是既漫長又恐怖，而且讓人頭暈想吐，起碼我是這麼覺得。多半時間我不是躺著，就是嘔吐，有時甚至躺著就吐了。或許是童年那次經歷，讓我對海反感，也可能是海神對自己沒把我吃了，始終耿耿於懷。

因此，對於奧迪修斯偶爾來探望我的時候，跟我所描述的美麗的天空和雲朵，我只看到了一點點。不過，他也只看了我一兩次，大部分時間他不是站在船頭，目光炯炯像老鷹一樣（我想像的）凝視前方，注意礁石或海蛇之類的危險，就是在掌舵，或是指揮船前進——反正我也不懂，因為這是我這輩子第一次坐船。

打從婚禮那天，我就對奧迪修斯很有好感，而且非常崇拜他，更膨脹了他的能力——沒辦法，我才十五歲——因此，我對他非常、非常有信心，覺得他是打不倒的船長。

最後，我們終於到了綺色佳。船駛進港口，四周都是陡峭的岩石峭壁。絕對有人布了哨兵和點燃信號燈，宣布我們到了，因爲港口擠滿了人。我被領上岸的時候，港邊響起陣陣歡呼，還有很多人擠來擠去想看我一眼——因爲我是奧迪修斯任務成功的具體證明，他不但娶了貴族妻子，還帶回來許多珍貴的禮物。

那天晚上，城裡的菁英貴族辦了宴會。我戴上閃亮的面紗，穿著我行囊中帶來最華麗的袍子，由我從老家帶來的丫鬟陪著，現身在宴會上。丫鬟是父親給我的結婚禮物，名字叫艾特麗絲。跟我到綺色佳來，她一點也不開心。她根本不想離開豪華的斯巴達宮殿，還有僕役朋友，這我完全不怪她。她已經不年輕了——就連父親都沒有傻到找一個含苞待放的女孩陪我，讓奧迪修斯有機會移情別戀，更何況這個丫鬟的工作就是整晚像哨兵一樣，站在我們的臥房門口，不讓人進來打擾——不過，她不久之後就死了。她的死讓我一個人在綺色佳孤孤單單，成爲陌生人中的陌生人。

剛到綺色佳的那段日子，我常常暗自哭泣。我試著掩藏自己的不開心，不讓奧迪修斯知道，因爲我不想表現得不知感激。而奧迪修斯呢，對我還是跟剛開始一樣專注，而且體貼，雖然他的態度很像老人在對待小孩。我常常發現他在研究我，側著頭支著臉，彷彿我是個謎，不過，我很快就發現，他對誰都是這樣。

有一回他跟我說，每個人都有一扇暗門，直直通到心底。能夠找到暗門的門把，對他來說是非常光榮的事。因爲心既是鑰匙，也是鎖，只要掌握了人的心，知道他們的秘密，就能主宰命運，控制自己命運的繩索。他隨即補上一句，表示並非任何人都能做到這點。他說，就連諸神的力量也比不上命運三姊妹。他沒提三姊妹的名字，只啐了一口免得招上厄運。而我想到她們躲在陰森的洞穴裡，抽出人的生命，量一量再切斷的模樣，就忍不住打了個哆嗦。

「我心裡也有一道暗門嗎？」我用自認討喜又帶點調情的語氣問：「你有找

到嗎？」

然而，奧迪修斯只是笑了笑，說：「這就要由你來告訴我囉。」

「那，你心裡也有一道門嗎？」我又問：「我找到鑰匙了嗎？」我現在想起當時問話痴傻的語氣，還是忍不住臉紅，海倫應該就是這樣哄人的吧。不過，奧迪修斯只是轉過頭，看著窗外，說：「有船進港了，我怎麼沒見過。」說完便皺起眉頭。

「你在等什麼消息嗎？」我問。

「我一直都在等消息。」他說。

＊　＊　＊

綺色佳不是什麼天堂。常常颳風下雨，而且又冷。這裡的貴族比起我過去見到的，要寒酸多了。宮殿的空間是夠用沒錯，但絕對稱不上大。

老家的人說得沒錯，這裡的確有很多岩石和山羊。不過，這裡也有牛、羊、豬和做麵包的麥穀，有時季節對了，還會發現西洋梨、蘋果或無花果。因此，桌上的食物不虞匱乏。隨著時間過去，我也就習慣這個地方了。再說，有個像奧迪修斯這樣的丈夫，可不是件普通的事。這一帶所有人都聽命於他，隨時都有人來向他請願或討教事情。偶爾甚至有人搭船遠道而來，就是爲了問他事情。因爲他聲名遠播，是可以化解任何複雜糾結的人，雖然他有時候的做法是綁上一個更複雜的結。

他的父親雷爾特斯和母親安提克蕾那時都還住在宮殿裡裡。他母親還沒死，卻因爲等奧迪修斯等得望眼欲穿而筋疲力竭。我猜，應該是膽汁過多、消化方面的問題。他父親也還沒因爲兒子不見蹤影而傷心欲絕，離開宮殿跑到草棚裡住，用下田來懲罰自己。這些都是奧迪修斯離家多年之後才發生的，但當時卻沒有任何預兆。

我的婆婆做人非常謹慎，是個口風很緊的女人。雖然她表面上歡迎我，但我看得出來她其實不認同我，一直說什麼我眞的是太年輕了之類的話。奧迪修斯只是淡淡地說，時間自然會更正這項錯誤。

起初給我最多苦頭的，就是奧迪修斯之前的保姆尤莉克蕾。據她自己說，大家都很尊敬她，因爲她非常可靠。奧迪修斯父親買下她之後，她就待在宮裡了。雷爾特斯非常看重她，看重到竟然沒跟她上床。「你想想看，我是個奴隸耶！」她朝著我咯咯直笑，一副自得其樂的樣子：「而且我那時候可是個美人兒呢！」幾個侍女告訴我，雷爾特斯之所以沒有動手，根本不是因爲尊敬尤莉克蕾，而是怕他妻子。他知道要是娶妾，安提克蕾肯定會讓他不得安寧。「連太陽神西里歐斯的卵葩都會被安提克蕾凍僵掉，」其中一名女侍說。我知道應該罵她說話不檢點，但我還是忍不住笑了出來。

尤莉克蕾打算把我放在她的羽翼下，她帶我在宮裡四處走動，告訴我什麼在哪裡，而且她一直說：「我們在這裡是怎樣。」我應該感謝她的，不僅心裡感謝，也應該說出來，因爲沒什麼比失禮更尷尬的事了，那只凸顯你對身邊禮俗的無知。笑的時候該不該掩嘴，什麼時候該戴面紗，該遮住多少臉蛋，多久該洗一次澡——這些事，尤莉克蕾眞是專家。幸好有她，因爲我婆婆安提克蕾——這些事其實應該她負責才對——只是靜靜坐著，什麼也沒說，看我出醜，表情似笑非笑。她心愛的兒子奧迪修斯神通廣大地抱回一個戰利品——斯巴達公主可不是隨隨便便的人物——她很開心，但我想，要是我在到綺色佳的路上暈船暈死，她會更高興。這樣，奧迪修斯就可以帶著公主的嫁妝回家，但不用帶公主回來了。她最常對我說的一句話就是：「你臉色不大好。」

所以，我儘可能躲她，跟著尤莉克蕾到處跑，她起碼對我很友善。她有自己的消息來源，告訴她所有關於附近王公貴族的大小事情。因此，我也知道一大堆他們的醜事，這些消息日後對我都很有用。

她總是喋喋不休，世界上就屬她最了解奧迪修斯，她簡直就是奧迪修斯專家。她什麼都知道，他喜歡什麼，還有喜歡人家怎麼對他，因爲奧迪修斯從小就吸她的奶、受她呵護、後來拉拔他長大的，不也就是她嗎？只有她能幫奧迪修斯洗澡、肩膀抹油、準備早餐、鎖好貴重物品、爲他攤開袍子等等。她根本讓我沒事可做，沒辦法爲丈夫打點什麼，因爲只要我想做任何妻子該做的事，她就會冒出來跟我說，奧迪修斯不喜歡這樣。就連我幫他織的袍子都不對勁——太輕、太重、太紮實、太薄。「這給管家穿可以，」她老是說：「但是給奧迪修斯就當然不行。」

儘管如此，她還是用自己的方式對我好。「我們一定要把你養胖，」她說：「這樣你才能爲奧迪修斯生個白白胖胖的小男孩。這是你的工作，其他事就交給我吧。」她也是唯一一個在我身邊可以說點話的人——意思是，除了奧迪修斯——所以，我慢慢接受了她。

泰勒馬科斯出生的時候，她眞的搖身成爲最有價値的人。我由衷地記下這點。我痛得說不出話來，是她代我向生育女神阿提米斯禱告，是她握住我的雙手，用海綿擦拭我的額頭，是她抓住嬰兒，幫他淨身，用溫暖的衣服包住他。要說她眞的懂些什麼——她老是這麼跟我說——那就是小嬰兒。她會說一種很特別的語言，基本上是胡言亂語——「嗚咿嗚啊，」她幫泰勒馬科斯洗完澡，幫他擦身子的時候，會這麼輕輕對他說：「啊咕狗嗚狗噗！」想到我那胸膛結實、聲音低沉的奧迪修斯，那麼讓人信服、那麼舌粲蓮花、那麼尊貴，像個小嬰兒似的躺在尤莉克蕾懷裡，聽她對他說這些咿咿呀呀的，我心裡就覺得怪怪的。

不過，她照顧泰勒馬科斯的方式，我一點兒也不吃醋。她對他的喜愛是沒有止境的。你幾乎會覺得，泰勒馬科斯是她的親生小孩。

奧迪修斯對我很滿意。那還用說。「海倫還沒生出半個兒子呢，」他說。他這麼說，我應該高興才對，我也確實滿開心的，但話說回來，他爲什麼還是——說不定一直——想著海倫呢？

10　吟唱：泰勒馬科斯誕生，田園詩

九個月，他在母親酒紅色的血海中航行，
駛出駭人的夜之洞穴，駛出沉睡，
駛出擾人的夢境，他不停航行，
乘著殘破的黑船，他自己的船，
穿越巨大母親的危險大海，
遙遠的洞穴，男人的生命在洞穴裡像絲線被抽出，
測量，然後切斷，
是命運三姊妹的傑作，她們專注在毛骨悚然的手工藝上，

女人的生命同樣也被絞成一股股絲線。
而我們這十二個後來死在他手下的人，
在他父親無情的命令下，也跟著出航，乘著我們自己殘破的黑船，
橫渡雙腳腫脹痠疼的母親的洶湧大海，
我們的母親不是王后，只不過是雜種的組合，
被人買賣、交易，從陌生人和農奴之手綁架。

九個月的航行，我們終於上岸，
和他一起抵達海灘，殘暴的風吹拂著我們，
孩子們就像他小時候，哭的樣子像他，無助的表情像他，但比他無助十倍，
他的出生備受期待，而且狂歡慶祝，我們卻沒有，
他母親生出了幼君，我們的雜種母親，
卻只是懷胎、產卵、生育、繁殖，

分娩、臨盆、孵化她們的後代。
我們只是小野獸，可以隨意處置，
賣掉，淹死在井裡，交易，使喚，人老珠黃就拋棄，
他是被父親生下來的，我們卻只是迸出來，
像番紅花、像玫瑰、像麻雀，
是從泥巴裡生出來的。

我們的生命在他的生命中被扭曲；我們也曾是小孩，
當他還小的時候，
我們是他的玩具、他的寵物、是他愚弄的姊妹、是他的小玩伴。
我們一起長大、一起歡笑、一起奔跑，
雖然比他更髒、更餓，身上有更多雀斑，
常常沒肉吃，

他把我們視爲理所當然，無論他想做的
任何事，我們都要照顧他、餵他、幫他洗澡、取悅他，
在我們岌岌可危的船上搖他入睡。

當我們跟他在沙灘上玩，
在滿是山羊的岩石小島的海邊，靠近港口的地方，
我們一點也不知道，他長大會變成殺人不眨眼的年少殺手。
早知道，我們那時會把他溺死嗎？
小孩都是粗魯和自私的：每個人都想活下去。
十二個對一個，他根本毫無機會。
我們會下手嗎？只要一分鐘，趁沒人注意的時候？
將他還很純眞的小孩頭顱壓進水裡，
用我們依然純眞稚嫩的小保姆的手，

然後推給海浪。我們之中有人這樣想過嗎？
去問命運三姊妹吧，她們編織血紅的迷宮，
將男人和女人的生命交織在一起。只有她們知道事情會如何改變。
我們的心只有她們知道。
從我們身上，你找不到答案。

11 海倫毀了我的生活

一陣子之後，我開始習慣新家的生活，雖然我幾乎沒什麼權力，因爲有尤莉克蕾和我婆婆在，她們倆負責所有家務，決定家裡大大小小的事情。掌管國家的事情自然就落在奧迪修斯和他父親雷爾特斯身上。雷爾特斯不時插手，不是駁斥就是支持他兒子的決定。換句話說，父子倆跟其他家庭一樣，也會相互較勁，比誰說的話有分量。不過，有一點大家都同意，那就是：有分量的絕對不是我。

晚餐時間壓力特別大，感覺眞是暗潮洶湧，兩個男人動不動就互相咆哮爭吵，我婆婆身上則是有一股令人感到壓迫的沉默。我試著跟她說話，但她回話的時候，卻不正眼看我，像對著腳凳或桌子說話。不過，她的回答確實比較適合家具，因爲內容呆板又僵硬。

我很快就發現，只要置身事外，專心照顧泰勒馬科斯，日子就平和多了。不過，要照顧泰勒馬科斯，可得尤莉克蕾同意才行。「你自己都還是個孩子呢，」她總是一邊這麼說，一邊把嬰兒從我懷裡抱走。「喏，換我來照顧這個小可愛，你出去享受享受吧。」

問題是，我不知道該怎麼享受。我又不能像農家女孩或奴隸，沿著懸崖或海邊散步：只要出門，就有兩個丫鬟跟著我——我得保持名節；再說，到處都有人監督國王妻子的名節。不過，丫鬟們會落後我幾步，這樣才得體。我感覺自己很像正在遊行的珍貴名駒，穿戴著華麗的袍子走路，水手盯著我看，鎮上的女人則是交頭接耳，竊竊私語。我沒有處境跟我相同的同年紀朋友，所以，每次出遊都不大好受，而我也越來越少出門。

偶爾，我會坐在庭院裡，將羊毛捻成線，聽侍女們在側房一邊做事，一邊唱歌嘻笑。雨天的時候，我會在女眷的廂房裡編織，這樣起碼有人作伴，因爲那裡總是有三五個奴隸在操作織布機。我非常喜歡編織。編織很慢、很規律，讓人安心，而且這樣坐著不動，不會有人說我在發呆，我婆婆也不例外。不過，她雖然什麼都沒說，但您也知道，有一種東西叫沉默的控訴。

我經常待在房裡。我和奧迪修斯的房間，雖然比不上我在斯巴達的閨房，但已經不錯了，而且可以看到海。床是奧迪修斯特別做的，其中一根床柱是用橄欖樹削成的，這根床柱的樹根還保留在地底。他說，這樣就沒有人可以移動這張床或換位置了。在這裡懷上的嬰兒，會是個帶來好運的孩子。這根床柱可是他的大秘密：除了他自己、我的丫鬟艾特麗絲——不過她已經死了——和我之外，沒人知道。奧迪修斯不懷好意嘲諷地說，要是別人知道床柱的事，他就知道我和別的男人上床了。到時候——他一邊說，一邊促狹似地對我皺起眉頭——他絕對火冒三丈，不是立刻拿劍把我碎屍萬段，就是把我吊在屋頂的橫梁上。

我假裝聽了很害怕，告訴他，我絕對、絕對不會背叛他的那根大床柱。

其實，我是真的很害怕。

不過，我們倆最美好的時光，都是在這張床上度過的。每回做愛完，奧迪修斯總是喜歡跟我聊天，他說了好多好多故事，都是他的眞實故事，還有他英勇的打獵行動、長途遠征掠奪財寶、除了他之外沒有人拉得動的特製弓，以及女神雅典娜因爲他足智多謀又擅長僞裝和謀略，又有多麼的寵愛他。不過，他也說過其他故事——阿垂阿斯皇室的詛咒是怎麼來的，柏修斯怎麼從黑底斯那裡拿到隱形帽，又怎麼砍斷討厭的蛇髮女妖戈耳戈的頭，還有我堂姊海倫不到十二歲的時候，怎麼被特修斯和他朋友佩里特斯綁架，藏起來，準備等她年紀夠大再抽籤決定由誰娶她。特修斯雖然可以強暴她，卻沒這麼做，因爲她那時還小，至少傳聞是這樣。後來，海倫被他兩個哥哥救出來，但那是在他們發動戰爭，擊敗雅典之後了。

最後這個故事，我之前就聽說了，是海倫親自告訴我的。不過，她的說法差滿多的。據她自己說，特修斯和佩里特斯都拜倒在她天神般的美貌之下，一看到她，什麼勇氣啊膽子啊全都沒了，就連上前抱住她膝蓋，求她原諒他們放肆無禮都不敢。整件事她最愛說的，就是雅典戰爭死了多少男人：她覺得，這些男人都是爲她而死的。讓人難過的是，有太多人太常讚美她，給她太多禮物和甜言蜜語，結果讓她暈頭了。她以爲自己可以爲所欲爲，就像生下她的諸神祖先（她是這麼認爲的）一樣。

我常常想，如果海倫沒有因爲愛好虛榮而自我膨脹，我們是不是就不會因爲她的自私和發狂的慾望，承受這麼多痛苦和悲傷。她爲什麼不能過普通生活呢？但那是不可能的——普通生活太無聊了，而海倫又是充滿野心的人。她想要出人頭地，她希望與眾不同。

＊　＊　＊

泰勒馬科斯滿周歲的時候，災難降臨了。都是因爲海倫。大家現在都知道了。

大難臨頭的消息，我們是從一名斯巴達船長口中最先知道的。他這趟來是到綺色佳的外島買賣奴隸，船這會兒就泊在港口裡。按照慣例，客人只要有點身分，我們都會設宴款待，因此，船長就過來跟我們共進晚餐，同時留宿一夜。像他這樣的訪客很受歡迎，因爲他們知道很多消息——誰死了、誰出生了、誰最近結婚了、誰決鬥被殺了，又有誰把小孩獻祭給神了——不過，這回的消息太不尋常了。

海倫，船長說，跟特洛伊的王子跑了。這傢伙——他的名字叫巴里斯——是國王普里安的小兒子，聽說長得非常俊美，和海倫一見鍾情。九天的宴會——因爲巴里斯是王子，所以梅勒勞斯特別設宴——海倫和他背著梅勒勞斯，兩個人眉來眼去，梅勒勞斯完全沒感覺。這我一點也不意外，因爲那傢伙跟磚頭一樣鈍，像塊木椿般笨拙。這樣的人當然沒辦法滿足海倫的虛榮心，所以海倫對著可以滿足她的對象吐露芬芳。因此，當梅勒勞斯外出遠行去參加葬禮的時候，這對愛人就趁機帶著金銀珠寶（巴里斯的船能裝多少就裝多少）駕船私奔了。

梅勒勞斯這會兒氣得七竅生煙，他哥哥阿加曼儂也是，因爲這件事讓王室蒙羞。他們派了特使到特洛伊，要求對方送回海倫和奪走的財寶，結果卻空手而歸。更過分的是，巴里斯和壞心的海倫竟然躲在高牆後面訕笑他們。差不多就是這樣，我們的客人說著，一副樂在其中的表情：他就跟我們一樣，喜歡看位高權重的人跌得鼻青臉腫。大家都在傳這件事，他說。

聽客人敘述事情的經過，奧迪修斯臉色發白，但沒有多說什麼。直到那天晚上，他才告訴我他憂愁的原因。「我們發過誓，」他說：「我們在分屍的聖馬面前起誓，所以很有效力。當時發過誓的男人，現在必須履行誓言，捍衛梅勒勞斯的權利，必須駕船到特洛伊，發動戰爭把海倫奪回來。」他說這很困難，因爲特洛伊是個強國，比當年海倫的兩個哥哥爲了同樣的理由攻打的雅典更難攻破。

我很想跟奧迪修斯說，應該把海倫關進黑漆漆的地窖，鎖在囚車裡，因爲她是害人精，最後還是忍住，只對他說：「那你要去嗎？」想到沒有奧迪修斯在身邊，獨自留在綺色佳，我就心慌意亂。一個人待在宮裡，有什麼樂趣可言？我說「一個人」意思就是，沒有朋友沒有同伴。這麼一來，我早上必須面對尤莉克蕾的頤指氣使，和婆婆的冷若冰霜，晚上卻再也得不到可以讓我均衡一下的娛樂了。

「我也發了誓，」奧迪修斯說：「其實，發誓是我出的主意。現在要打退堂鼓太難了。」

話雖如此，他倒是試過，只可惜功虧一簣。阿加曼儂和梅勒勞斯來的時候（他們一定會來的）還帶了另一個關鍵人物帕拉米德，帕拉米德跟其他人不同，他並不是省油的燈。不過，奧迪修斯已經準備好了。他早就四處散播消息，說自己瘋了，為求逼真，他還戴上可笑的農夫帽，跟在牛和驢子後面犁田，拿鹽粒當種子撒。我自以為聰明地表示，願意帶三位訪客到田裡去看奧迪修斯的悲慘遭遇。「你們看了就曉得，」我邊哭邊說：「他已經不認得我了，就連我們的小孩，他都不認識了！」我還帶著小孩一塊，以證明我所言不虛。

沒想到，揭穿奧迪修斯計謀的就是帕拉米德——他將泰勒馬科斯從我懷裡一把搶走，放在牛、驢子和奧迪修斯前面。奧迪修斯如果不閃開，就會碾過自己的親生兒子。

所以，他非去特洛伊不可。

三位訪客想討好奧迪修斯，就說神諭告訴他們，特洛伊非得有他才攻得下來，結果，奧迪修斯當然就不像之前那麼心有未甘了。有誰能抗拒成爲不可或缺的人物的誘惑呢？

12 等待

接下來的十年，我有什麼能跟各位說呢？奧迪修斯乘船去了特洛伊，我留在綺色佳。日昇，劃過天際，日落。只有偶爾，我才會把太陽當成太陽神西里亞斯的火戰車。月亮也是一樣，陰晴圓缺。只有偶爾，我才會把月亮當成月神阿提米斯的銀船。春夏秋冬，按照順序輪番更迭。島上經常有風，泰勒馬科斯一年年長大，很喜歡吃肉，每個人都寵他，溺愛他。

我們可以聽到特洛伊戰事的消息：時好時壞。吟遊詩人會用歌曲，述說貴族英雄的故事——阿奇里斯、阿加曼儂、艾賈克斯、梅勒勞斯、赫克托、艾尼亞斯，以及其他英雄等等等。我對他們一點興趣也沒有：我只想知道奧迪修斯的消息。他什麼時候才會回來，讓我擺脫無聊枯燥的生活？詩人的歌裡也有他，那是我最歡喜的時刻。他發表激勵人心的演說，結合原本在鬧意見的派系，撒下漫天大謊，發表聖哲般的建言，他喬裝成逃跑的奴隸溜進特洛伊，跟海倫本人說話，而海倫——歌裡是這麼說的——親自用雙手爲他沐浴塗油淨身。

我不是很喜歡這部分。

最後，他終於想到士兵全都躲在木馬裡的鬼點子。於是——消息藉著烽火傳開來——特洛伊終究殞落了。傳言說，城裡發生大屠殺，到處有人打家劫舍，街頭血流成河，烈焰在宮殿上方的天空燃燒，無辜的小男孩被丟下懸崖，婦女被當成戰利品任人宰割，就連國王普里安的幾個女兒也不例外。最後，我殷切期盼的消息終於到了：希臘船艦啓程回航。

但，我什麼也沒等到。

✲ ✲ ✲

日復一日，我爬到宮殿樓頂，朝港口張望。日復一日，什麼跡象也沒有。偶爾有船出現，卻從來不是我所期盼的那艘。

船來了，謠言風聲也隨之而來。有人說，奧迪修斯和他手下停靠在第一個港口，就喝得酩酊大醉，結果手下紛紛叛變。但有人說不對，是船員吃了帶有魔法的植物，統統失去記憶，多虧奧迪修斯救了他們，把他們全都綁起來拖上船。還有人說，奧迪修斯跟獨眼巨人塞克洛普決鬥。不對，是獨眼的客棧老闆。兩個人之所以打起來，是因爲奧迪修斯沒付帳。有人說，有幾個船員被食人族吃了。但立刻有人說不對，只是普通打架，有人的耳朵被咬、有人鼻子出血、有人被刺了幾刀、有人被剜腸破肚。有人說，奧迪修斯在一個著了魔的小島上，接受女神招待。之前的男人最後都被她變成豬——我覺得這不難——但又被她變回人，因爲她愛上了奧迪修斯，總是親自用她不朽的雙手，製作前所未聞的佳肴供他享用。兩個人每天晚上都瘋狂做愛。有人說，不對不對，他去的是高級妓院，並且壓榨裡面的老鴇。

不用說，吟遊詩人將這些主題穿鑿附會，大肆渲染。我在場的時候，他們唱的都是最高雅的版本——稱讚奧迪修斯聰明、勇敢、博學多聞、對抗妖魔鬼怪，並且得女神鍾愛。他之所以沒回來，只不過是因爲有位神祇——有人說是海神普塞頓——反對他，因爲被奧迪修斯弄瘸的塞克洛普是他的兒子。又或者，反對他的神不只一個。說不定還有命運三姊妹，或其他神祇。因爲毫無疑問——吟遊詩人用稱許我的方法暗示——只有強大的神力，才能阻止我丈夫火速趕回愛妻溫柔——而且可愛——的懷抱裡。

他們的歌詞越是天花亂墜，我就得賞給他們越貴重的禮物。而我總是照辦。當你收不到丈夫的隻字片語的時候，就算歌詞明顯就是編造出來的，也是某種安慰。

我婆婆死了，因爲不堪漫長的等待而過世，死時全身皺紋像風乾的泥土。她覺得奧迪修斯永遠也不會回來了。她心裡認爲是我的錯，而不是海倫：都怪我把小孩帶到田裡去!老尤莉克蕾變得更老了，我公公雷爾特斯也是。他厭倦了宮廷生活，跑到他鄉下的田地去遊蕩，有人看到他穿著骯髒的衣服，腳步蹣跚，對著梨樹喃喃抱怨。我猜他的腦袋已經不靈光了。

現在，奧迪修斯的廣大領地都由我一個人作主。我在斯巴達的時候當然沒想到要做這樣的事情，也沒準備。好歹我也是個公主，工作是別人在做的。我母親雖然貴爲王后，卻沒有立下好榜樣。她不喜歡宮廷裡的膳食，因爲經常是大塊大塊的肉。她比較喜歡（頂多就是）一兩條小魚，再配點海苔。她尤其愛吃生魚，而且通常從頭吃起。每回看她吃魚，總是讓我脊背發涼，卻又讚嘆不已。我是不是忘了告訴你，她有副既小又尖的牙齒？

她不喜歡支使奴隸做這做那的，也不喜歡懲罰他們。不過，要是有人惹她生氣，她偶爾也會開殺戒——她不曉得奴隸是可以賣錢的。另外，她對編織紡紗也一竅不通。「結太多了，那是蜘蛛做的事，讓歐拉克妮去傷腦筋吧。」她總是這麼說。至於其他例行瑣事，如食物夠不夠、酒窖裡有沒有酒，還有藏在宮廷大儲藏室裡、她所謂的「凡人的金子玩具」安不安全，她只是一笑置之。「水精靈數數只能數到三，」她說：「魚一來都是整群來，不是像列名單那樣。一隻、兩隻、三隻，又一隻、再一隻、還一隻！我們就是這樣數的！」說著她會發出波浪似的笑聲：「我們又不是守財奴——我們才不藏東西呢！這些東西一點意義也沒有！」說完她會溜到宮廷噴泉那兒去泡泡身子，不然就是消失幾天，和海豚說說笑笑，捉弄海蚌，逗牠們玩。

於是，我在綺色佳的宮廷裡，一切都得從頭學起。起先，尤莉克蕾不讓我這麼做，因爲她什麼都想管，但最後還是明白，要做的事情實在太多，連她這個勞碌命也忙不過來，所以才放手讓我摸索。隨著時間過去，我發覺自己開始列單子——有奴隸的地方，就會有東西失竊，除非你把眼睛放亮——同時開始規劃膳食和服飾。奴隸衣著很粗糙，穿沒多久就會四分五裂，必須換新，因此，我還需要告訴織工和裁縫，該怎麼做衣服。磨玉米的工人是最低級的奴隸，通常禁錮在加蓋的外屋裡——因爲他們素行不良，有時甚至會互相打鬥，因此，我還得留意發生敵對和仇殺。

照理說，男奴隸必須獲得同意，否則不能和女奴隸同睡。不過，這件事有點麻煩。男奴隸和女奴隸有時會談戀愛，變得嫉妒，就像他們的另一半，因此可能惹出大問題。要是事情失去控制，我只好把談戀愛的奴隸賣掉。不過，假如他們生了漂亮的小孩，我通常會把小孩留下來，自己養，教他成爲文雅、討喜的僕人。不過，我可能太寵其中幾個小孩了。尤莉克蕾就常常唸我。

「俏臉」梅蘭索就是其中一個。

我透過管家買賣補給品，很快就贏得了精明能幹，善於討價還價的美名。我透過領班管理農地和家禽家畜，也學會幫牛羊接生，還有怎麼不讓母豬吃掉幼崽。我懂得越多越深，就越喜歡聊這些鄙俗的事，養豬農來請教我的時候，更是讓我覺得驕傲。

我的想法是拓展奧迪修斯的資產，這樣他回來的時候，就比當初離開時擁有更多財富——更多牛羊豬、更多麥田，還有更多奴隸。我在腦海裡清楚地想像著：奧迪修斯回來，而我——帶著女人的嬌羞——讓他知道，這些通常是男人在做的事，我做得有多好。當然，我這麼做是以他的名義，而且從頭到尾都是爲了他。到時，他的臉因爲喜悅不曉得會散發什麼樣的光彩！不知道會多麼喜歡我！「就算有一千個海倫都比不上你！」他一定會這麼說，不是嗎？說完還會溫柔地把我攬進懷中。

＊＊＊

雖然我很忙，責任又重，但卻感到前所未有的孤獨。哪裡有智者，能解答我的困惑？除了自己，我還能仰賴誰？夜裡，我常常哭著入睡，不然就是向神禱告，希望親愛的丈夫快點回來，否則不如讓我快快死去。這時候，尤莉克蕾不是拉我去沐浴，安撫情緒，就是給我酒喝，平復心情。不過，這些都有代價。她有個很無聊的習慣，就是喜歡引用俚語，希望我能咬緊牙關，繼續拚命，努力工作。例如：

光天化日誰要哭泣，
誰就沒法把盤子高高疊起。

或是：

誰要浪費時間哀愁，
誰就吃不到長大的牛。

或是：

女主人懶惰，奴隸就張牙舞爪，
不會乖乖聽話，
像個盜賊、惡棍或娼妓，

奴隸是不打不成器！

就是這類的無聊玩意兒。要不是她年紀這麼大了，否則我一定會賞她巴掌。話雖如此，她的熱心規勸還是發生了一點效用。早上我讓自己看起來很開心，充滿希望，就算不爲自己，也爲了泰勒馬科斯。我告訴他奧迪修斯的故事──你父親是多麼優秀的戰士、有多聰明、多俊美，還有等他回來一切會有多完美。

這段日子，外人對我是越來越好奇。丈夫不在的妻子（活寡婦？），任誰都覺得好奇。外國船隻前來造訪的次數增加了，不斷帶來新的傳言，偶爾也帶來打探消息的人：要是奧迪修斯不幸身亡（希望諸神別讓這件事發生）我是不是願意接受別人追求呢？當然，還包括我的財產。我完全不去理會對方的暗示，因爲還是有關於我丈夫的新消息（雖然很可疑，但總歸是消息）不斷傳來。

有人說，奧迪修斯去過骷髏地請教幽靈，又有人說不對，說他只是在布滿蝙蝠的漆黑洞穴裡過了一晚。還有人說，行經魅人的塞倫女妖——半鳥，半女人——所管轄的水域時，他要手下在耳朵裡塞蠟塊，因爲塞倫會將男人誘到島上，然後吃了他們。而他則是將自己綁在桅杆上，這樣聽見塞倫難以抗拒的歌聲時，才不會忍不住跳船，朝島上游去。但也有人說，島上是高級的西西里妓院——那裡的青樓女子因爲歌喉動人，全身羽飾華麗而艷名遠播。

實在很難知道該相信誰說的。我有時覺得，他們編故事是爲了警告我，想看淚水在我眼眶打轉。折磨易於受傷的弱者，肯定有種樂趣吧。

不過，有傳言總比沒有好。因此，他們說什麼，我還是熱切地聽。然而，又過了幾年，傳言突然戛然停止，奧迪修斯似乎從地球上徹底消失了。

13 吟唱：狡猾的船長，船歌

由十二名身穿水手服的女僕表演

喔，狡猾的奧迪修斯離開特洛伊，
船上載滿戰利品，他滿心歡喜，
戰神雅典娜看到他就笑咪咪，
欣賞他會撒謊、耍詐和偷東西！
甜蜜的蓮花島是他首度靠岸的地方，

水手們都想把那場醜惡的戰爭給忘光；
但我們卻很快就被拖回黑色的船上，
雖然我們憔悴又哀傷。

接著，我們又趕去消滅塞克洛普那個恐怖的獨眼，
他想吃了我們，所以被我們挖出了眼；
奧迪修斯這小伙子先說：我是無名小卒。
接著又改口，是我奧迪修斯弄瞎了他的眼。
奧迪修斯，騙徒王子！

於是，仇敵普塞頓在他頭上下了咒，
他到哪裡，哪裡就有詛咒，
還有陣陣狂風，隨時在身邊吹奏，

奧迪修斯啊，奧迪修斯，最機靈的水手！
且向船長舉杯，他那麼英勇、那麼飄逸，
無論困在岩石上，睡在大樹底，
或在海中仙女的懷裡，
我們眞希望也有他的際遇，好樣的！

後來，我們眞的遇到可惡的食人妖，
他們眞的吃掉我們的弟兄，從頭到腳，
他滿懷歉疚，因爲是他要他們去把食物找，
奧迪修斯，敘事詩裡的大英雄！
喀切島上，我們被變成了豬公，
奧迪修斯跟島上女神交歡，獲得她的情鍾，

吃她的蛋糕，喝光了她的酒好幾升，
和她快樂同居了一年，才幫我們恢復人形！

且向船長舉杯，無論他在哪裡流浪，
沉浮於滔滔白浪，
但他一點也不急著回航——
奧迪修斯，這詭計多端的老怪胎！

接著，他在骷髏島上岸，
溝渠裡滿是鮮血，受困港灣的幽靈騷動不安，
直到他得到占卜師泰瑞西亞告訴他的答案，
奧迪修斯，最擅長閃躲的專家！

他也曾勇敢面對，歌聲美妙的海中塞倫女妖，
她們試著誘他進入覆滿羽毛的墓穴
綁在桅杆上的他，確實瘋狂咆哮，
但只有奧迪修斯知道她們的謎底！
卡力布迪斯漩渦沒有抓走我們的小伙子，
蛇頭女妖西拉也沒有法子，
他躲過會把人壓成爛泥的落石，
他快如閃電地逃過一劫！

我們這些傢伙，確實常違逆他的指揮，
我們吃了太陽神的牛，牠們眞是美味，
結果遇到風暴，倖存上岸的只有船長他一位，
來到女神卡莉普索的小島。

七年漫長的親吻與求歡調情，
之後他終於駕著木筏逃開，在大海上飄零，
直到法齊亞公主娜西卡好心腸的女僕洗衣服時，
在岸邊發現他——渾身溼透！
之後，他訴說自己的冒險，
又添了一百次災難和無數的艱難，
沒有人曉得，命運三姊妹有什麼打算，
但奧迪修斯沒差，這個僞裝大師！

所以，且向船長舉杯，無論他在何方流浪，
在陸上或海上，
他沒有淪入地獄，不像我們把命來喪，

而我們也沒有比離開你時更加睿智！

14 追求者狼吞虎嚥

有一天（如果地府裡也有日子的話）我在田間漫步，小小口地咬著常春花，沒想到遇到安提諾斯。他常常向人炫耀自己穿著最好的袍子和最精緻的外衣，還有純金別針等等，看起來既挑釁又高傲，總是把其他魂靈擠到一邊。不過，他一看到我就立刻露出身體，他血流滿身，還有一支箭直直穿過他頸子。

他是我的追求者當中，第一個被奧迪修斯射死的人。而他這副模樣，是用來向我抗議的，起碼他是這個意思，不過我對他還是無動於衷。這個傢伙活著的時候是個討厭鬼，死了還是討厭鬼。

「安提諾斯，你好，」我對他說：「我希望你能把頸子插的那支箭拔出來。」

「這是愛情的箭，是神聖的潘妮洛普，她是全天下最神聖、最漂亮、最聰明的女人。」他答說：「雖然這支箭是從奧迪修斯那把有名的弓射出的，但其實眞正的殘酷射手是邱比特。我留著箭，是爲了紀念自己對你曾經有過的滿腔熱情，我會留著它，直到走進墳墓。」說完他又繼續甜言蜜語了好一陣子，顯然生前就已經練過好幾回了。

「拜託，安提諾斯，」我說：「我們都死了好久了。你在地底下就別再來虛情假意這一套了，你又得不到任何好處。沒必要再把過去你出名的那套虛僞搬出來。你就行行好，把箭拔掉吧。揮著根箭又不會讓你好看到哪裡去。」

他佯裝悲傷，噁心兮兮地望著我，眼神像被鞭打的獵犬一樣諂媚。「生也無情，死也無情，」他嘆了口氣，但話才說完，箭就消失，血也沒了，而他青白的臉色也恢復了紅潤。

「謝謝你，」我說：「這樣好多了。現在我們可以當好朋友了，既然是朋友，我想你應該可以告訴我——你們這些追求者爲什麼要冒生命危險，用這麼誇張的方式接近我和奧迪修斯呢？而且不是只有一時，而是年復一年？你們又不是沒被警告，先知早就預言你們的下場了。就連天神宙斯都派鳥來預警，並且還打雷示意，不是嗎？」

安提諾斯嘆口氣，說：「諸神想要毀了我們。」

「人只要做壞事，就拿神當藉口，」我說：「你還是老實說吧。我不相信是因爲我美如天仙。我死的時候都三十五歲了，早就被憂慮操煩和悲傷哭泣給折磨得不成人形了。而且，你知我知，我腰圍也越來越粗。奧迪修斯出發到特洛伊的時候，你們這些追求者都還沒出生，或像我兒子泰勒馬科斯一樣，還是個小嬰兒，或頂多是個小孩，因此，不管怎麼說，我都夠格當你母親了。你在那邊胡說八道，說什麼我讓你膝蓋發軟，說你多想和我同床共枕，說你希望我爲你懷小孩，但你明明知道，我早就過了生孩子的年紀了。」

「說不定還能擠出一兩個小毛頭，」安提諾斯猥褻地說，還一副嘻皮笑臉的模樣。

「這才對嘛，」我說：「我喜歡直截了當的答案。所以，你眞正的動機到底是什麼？」

「我們想要你的財寶，那還用說，」他說：「當然還有整個王國。」這回他可是很放肆地直接笑出來了：「哪個年輕人不想娶個有錢又有名的寡婦呢？聽說寡婦個個都慾求不滿，尤其丈夫失蹤或過世很長一段時間之後，更是慾火焚身，就像你。你雖然比不上海倫，但這點我們還能接受。反正天一暗，也看不到什麼東西！更棒的是，你比我們大上二十歲——說不定稍稍動點手腳，你就此早我們而死了，到時候，挾著你的財富，年輕漂亮的公主就隨我們挑了。你應該心裡有數，我們怎麼可能愛你愛到發狂，對吧？你外表是沒什麼好看的，不過，你就是聰明。」

我說我喜歡直截了當的答案，其實才怪，尤其答案很刺耳的時候，有誰會喜歡？「謝謝你實話實說，」我冷冷地說：「有機會表達心裡眞實的感受，應該覺得很舒服吧？你可以把箭變回去了。老實說，每回我看到箭穿過你那既愛說謊又貪吃的脖子，我就一陣痛快。」

＊＊＊

追求者並沒有馬上出現，奧迪修斯離家的第九、第十年，大家都知道他在哪裡——在特洛伊——也知道他還活著。沒錯，直到希望像燭火一樣變弱終至熄滅之後，追求者才開始占據我們的宮殿。先來了五個，後來變成十個，再來變成五十個——來的人越多，就吸引更多人來，每個都怕錯過中婚姻樂透、鎮日歡宴的機會。他們就像見到死牛的兀鷹：一隻先飛下去，緊接著是另一隻，直到方圓幾公里之內的兀鷹全都過來，撕扯腐屍。

他們每天都到宮裡來，每天來每天來，說自己是客人，硬說我是主人。接著又看準我身體上的弱點，沒有什麼男人幫手，便自作主張照顧牲畜，殺牛宰羊，找僕人幫忙烤肉，使喚女侍忙這忙那，還對她們毛手毛腳，好像自己家一樣。他們吃掉的食物數量眞是驚人——他們狂吃猛塞，好像雙腳裡頭都是空的。每個人吃東西的樣子，都像在比賽誰吃得多一樣——他們打算把我吃垮，一點一滴地慢慢磨掉我的抵抗，因此，堆積如山的麵包和肉，和河水般的酒，就這麼被他們吞噬，消失在胃裡，彷彿是地球自己張開口，把所有東西一口呑掉似的。他們說，他們會繼續下去，直到我在他們當中選出新的丈夫爲止。於是，他們變本加厲，不但夜夜笙歌，還拚命說蠢話逗樂子，拿我「迷人的美貌」和才智出眾作文章。

無法否認，我有點飄飄然。有誰不喜歡這些？大家都愛聽讚美的話，就算覺得虛僞，那又怎樣。不過，我盡量把他們誇張的行徑當成看戲或耍寶。他們再來會用什麼新比喩？看到我的時候，銷魂欲絕的表情，誰裝得最像？三不五時，我會出現在他們歡宴的大廳——帶兩個丫鬟充當保鏢——就爲了看他們能有多誇張。安斐諾姆斯總是最佳風度獎的得主，不過他絕對不是最強壯有力的追求者。我得承認，我有時會做白日夢，想像自己到時候到底比較想跟哪一個人上床。

之後，丫鬟們會告訴我，這些追求者在我背後開了什麼玩笑。丫鬟們最適合偷聽了，因爲她們得幫忙準備肉食和飲料。

追求者私底下都是怎麼說我呢？下面是幾個例子。

頭獎，跟潘妮洛普上床一週，二獎，兩週。閉上眼睛就都沒差了——想像她是海倫，你就金槍不倒了，哈哈哈！那隻老母狗什麼時候才會下定決心啊？乾脆把她兒子殺了，趁禍患還小先除掉——這小混蛋已經開始讓我不爽了。有什麼辦法能阻止有人抓住那隻老母牛私奔？不行喔，小夥子，這樣就是作弊囉。你知道，我們已經講好了——大家都同意，贏的人要送好禮給其他人，對吧？我們是一夥兒的，要做一起做，要死一起死。你做，她死，因爲誰贏了，誰就要把她操死，哈哈哈。

＊＊＊

有時候我會想，丫鬟告訴我這些，裡頭有些是不是她們自己編造的，可能是瞎起鬨，也可能是想逗我。因爲她們似乎喜歡向我打報告，尤其當我整個人泡在淚水裡，向眼神陰鬱的雅典娜祈禱，希望她把奧迪修斯帶回來，或終止我的痛苦。這時，她們也會跟著我哭，啜泣哽咽，拿飲料給我喝，安撫我的心情。這對她們來說，也是種放鬆。

所有人當中，就屬尤莉克蕾最會向我訴說充滿惡意的流言蜚語，無論傳言是眞是假：我想最可能的理由是，她希望我堅定心意，拒絕追求者和他們熱情的追求，這樣我才能守貞到生命的最後一刻。她是奧迪修斯的頭號粉絲。

＊＊＊

我該怎麼做，才能讓這些貴族惡少停手呢？他們在這個年紀，個個都是趾高氣昂，因此，希望他們寬宏大量、跟他們講道理，或威脅他們會遭報應，根本沒有用。他們當中沒有人會因爲害怕被人揶揄或看扁而退縮。跟他們的爸媽告狀也沒有用：因爲這些家族根本就指望兒子這麼做，來謀取利益。泰勒馬科斯太小了，沒辦法跟他們對抗，再說，他只有一個人，怎麼跟那一百一十二、一百零八或一百二十個人比——我實在不曉得到底有多少人，因爲數目實在太多了。效忠奧迪修斯的人都跟他一起去特洛伊了，即使有留在我身邊的，也都被排山倒海的追求者給嚇得一句話也不敢說。

我知道，把追求者統統趕出去，把宮廷的門鎖上，其實一點用也沒有。要是我做了，他們就會露出兇惡的眞面目，開始暴動劫掠，搶奪他們原本希望靠說服我贏得的財產。不過，我畢竟是水精靈的女兒，我記得母親給的忠告：像水一樣，我提醒自己。別想對抗他們。他們要抓你的時候，就從他們指尖溜過。繞過他們。

於是，面對他們求愛，我假裝很高興。我甚至私下鼓勵一個又一個的追求者，跟他們暗通款曲。不過，我告訴他們，只有確定奧迪修斯永遠不會回來之後，我才會做出選擇。

15 壽衣

時光荏苒，我身上的壓力也越來越重。我會一連幾天待在房裡——不是我和奧迪修斯兩人的房間，不是，我會受不了，而是後宮女眷區中我自己的房間。我會躺在床上哭泣，不曉得該怎麼做。我當然不想嫁給那些年輕莽漢當中的任何一個，然而，我的兒子泰勒馬科斯年紀越來越大——幾乎跟那些追求者差不多了——看我的眼神也開始變得詭異，他覺得自己將要繼承的財產正在被人蠶食鯨吞，而他認爲是我的錯。

他覺得，要是我收拾家當，回我父親斯巴達王伊卡里斯身邊，事情就簡單多了。然而，我自顧回去的機會根本是零：我可不想再被捲回海裡。泰勒馬科斯原本覺得，我回娘家去對他來說比較好，不過他轉頭一想——經過計算之後——又發現，宮裡很大一部分金銀財寶會隨著我離開，因爲那是我的嫁妝。然而，要是我留在綺色佳，嫁給其中一個貴族小痞子，那傢伙就會變成國王，和他的繼父，就有權管他。相較之下，被跟他年紀差不多的小夥子使喚，顯然更讓他難以忍受。

老實說，對他來說，最好的結果就是我優雅地香消玉殞，這樣他就不會遭人責難了。因爲假如他學奧勒斯提——不過，人家奧勒斯提可是理由充分——殺死自己的母親，就會引來復仇三女神們——蛇髮、狗頭、蝙蝠翅膀的恐怖女妖怪——嘶吼狂吠地追他、鞭他、咒他，直到他發瘋爲止。既然他爲了最惡劣的理由——獲得財富——殺了我，就不可能從任何寺廟中得到淨化救贖，他的生命裡永遠沾染了我的鮮血，直到發狂慘死爲止。

母親的生命是神聖的。就算行爲不檢點，也不例外——我那邪惡的表妹克莉特內斯塔就是證明。她不但私通，還殺夫虐子——更何況，沒有人說我是壞母親。然而，自己兒子對我咆哮和那種憎恨的眼神，我可是一點也不欣賞。

＊＊＊

我一開始就跟追求者說，神諭預言，奧迪修斯最後一定會回來。然而，時間一年一年過去，始終沒有奧迪修斯的身影，預言的說服力也就越來越弱，於是，追求者說，或許神諭被解釋錯了：神諭的模稜兩可，是眾所皆知的事。連我也開始懷疑，到最後甚至不得不承認——起碼在眾人面前——奧迪修斯可能已經死了。然而，他的遊魂照理說應該出現在我夢裡，卻始終不曾出現。就算他眞的身在幽冥地府，我也很難相信，他不會想辦法傳消息給我。

我不斷地想，有沒有辦法在不引起指責的前提下，推遲再婚的決定，最後終於想出一個點子。後來，我在講述這段往事的時候，總是跟對方說，是編織女神雅典娜給我的靈感。說不定事實就是如此。要是計畫成功，只要說神是靈感的來源，就不會有人覺得你驕傲，要是失敗了，也不會有人責備你。

我是這樣做的：我在織布機上放了一大塊織布，跟別人說是要編給公公雷爾特斯的壽衣。公公死了，要是媳婦沒有準備價值不斐的手織壽衣，就是不孝。因此，我說，在壽衣完成之前，我才會考慮再嫁的人選。不過，只要織好壽衣，我就很快就會選出我的新丈夫。

（雷爾特斯對我的想法不是很高興：他知道這件事之後，就更加遠離宮殿。要是有追求者急著送他上路，好讓我快點把他裹進壽衣裡，再舉行婚禮，那怎麼辦？）

我這麼做實在太孝順了，沒有人敢反對。於是，我整天坐在織布機前勤奮編織，不時說些哀愁的話，例如「像我這麼可憐，諸神給我的日子簡直生不如死，應該比雷爾特斯更適合穿這件壽衣吧」。不過，一到晚上，我就會把白天織好的部分拆掉，所以，壽衣始終都是同樣的大小。

為了完成這件大工程，我挑選了十二名女侍——最年輕的，因為只有她們從小就跟著我。我在她們還是孩子的時候，就買下她們，當作泰勒馬科斯的玩伴，一起長大，同時仔細訓練她們，讓她們知道宮裡應該知道的事。她們都是讓人開心的女孩，充滿活力，雖然有時候有點聒噪，喜歡嘰嘰喳喳，就跟其他女僕年輕的時候一樣，不過，聽她們離開的時候邊走邊聊，聽她們哼哼唱唱，總是逗得我很開心。她們每個人的聲音都很美，而且受過良好的訓練，知道怎麼發揮歌喉。

她們是我在宮裡最親信的耳目，幫我拆掉壽衣的也是她們。我們總是在深夜，憑著火炬，在深鎖的門後拆衣解線，整整三年有餘。雖然必須小心謹慎，竊竊私語，但是這些夜晚對這些女孩來說，卻有著節慶的氣氛，甚至像是狂歡。而「俏臉」梅蘭索會偷偷帶點心來，給我們解饞——當季的無花果、沾滿蜂蜜的麵包，冬天則有溫酒可以喝。我們破壞壽衣的時候，會講故事，猜謎題，彼此說笑。在火炬飄忽的光影下，我們在白天不苟言笑的臉龐和態度，都變得柔和起來。大家就像親姊妹一樣。到了早上，我們因為缺乏睡眠有黑眼圈，碰面的時候，不是彼此會心一笑，就是匆匆捏一捏手。她們回答「是，夫人」或「不是，夫人」的時候，嘴角總有掩不住的笑意，好像她們的卑躬屈膝都是玩笑，不能當眞似的。

很不幸，她們當中有一個出賣了我無限期編織的計畫。我確定那是意外：年輕人總是比較不小心，所以我想她一定是說溜了嘴。我到現在還是不曉得是誰：她們在陰暗的地底下，總是成群結隊出現，我只要靠近，她們就全都跑走了。她們躲我的樣子，好像我曾經重重傷了她們似的，但我怎麼會傷害她們呢？絕對不會是我自己的意思。

＊＊＊

嚴格說來，秘密洩漏是我自己的錯。我跟那十二個年輕丫鬟說——她們是最可愛、耳根子最軟的女孩子——在追求者身邊打轉，監視他們，想盡各種誘騙方法刺探他們。沒有人知道這件事，除了我和這十二個丫鬟。我決定瞞著尤莉克蕾——現在看來，瞞著她眞是天大的錯誤。

我的計畫最後是悲劇收場。有幾個丫鬟被強暴，幾個被誘拐，不然就是被逼得放棄抵抗，和盤托出。

在這麼大的宮殿裡，賓客和女僕睡覺並不稀奇。能讓客人有個歡愉的夜晚，是主人好客的證明。主人甚至會故作慷慨，讓客人自己挑選女僕。不過，多半時候，不經主人同意就和女僕上床，是犯法的，會被當成偷竊。

不過，現在宮裡沒有主人，追求者就自己動手了，跟女僕幹他們跟牛羊豬幹的事。或許，他們覺得沒什麼吧。

我儘可能安慰這些女孩子，因爲她們都覺得自己罪孽深重，尤其是那些遭人強暴的，特別需要關懷和照顧。我把丫鬟託付給尤莉克蕾，她一邊咒罵那些壞心的追求者，一邊幫丫鬟淨身，用我的橄欖油爲她們按摩，給她們特別的照料。不過，她還是忍不住嘀咕了幾句。或許她看我這麼關心這些丫鬟，覺得忿忿不平吧。

「沒關係，」我跟丫鬟們說：「你們要假裝愛上他們，要是他們覺得你們是站在他那一邊，就會把心裡的秘密告訴你們，那我們就能知道他們的計畫了。這也算是爲你們主人效命，他回來的時候，知道你們爲他做的事，肯定會很高興。」她們聽我這麼說，心情就好些了。

我甚至教她們詆毀我、泰勒馬科斯，還有奧迪修斯的粗話，來爲謊言增色。而她們也都努力去做：其中就屬「俏臉」梅蘭索最在行，她不但樂在其中，還想出許多卑鄙的故事和說詞。用不服從的行爲來表現服從，其實還滿有趣的。

不過，還是有擦槍走火的時候。丫鬟當中有幾個眞的愛上了利用她們的人。這是難免的，我覺得。她們以爲我不知道，其實我一清二楚。不過，我不怪她們。她們還太年輕，涉世未深，再說，在綺色佳又不是每個奴婢都有資格自誇，自己是年輕貴族的情人。

不過，不管愛不愛、有沒有夜半私會，丫鬟們還是繼續向我報告她們發現的任何有用的消息。

因此，我很愚蠢地以爲自己很聰明。現在回頭來看，我也明白當時的做法其實考慮得不夠周密，到頭來反而會造成傷害。但是我時間緊迫，心情又著急，只好不擇手段。

追求者發現我的壽衣計謀，當晚就闖進我房裡，把我逮個正著。他們非常氣憤，他們氣的是自己竟然被一個女人給騙了，他們對著我大吵大鬧，弄得我只好讓步，答應他們會盡快把壽衣編好，而且之後一定會從他們當中挑選一個嫁給他。

這件事幾乎立刻就傳開了，從此之後，只要有工作神秘兮兮地，好像怎麼做都做不完，人們就會說是「潘妮洛普的網」。我不喜歡網這個字。壽衣是網的話，那我不就是蜘蛛了？可是，我從來不想像抓蒼蠅一樣，抓住男人：正好相反，我這麼做是爲了躲開他們。

16 惡夢

之後那段日子，是整段考驗裡最難熬的時光。我不停哭泣，哭到自己都覺得快變成一條河或噴泉了，就像古老的故事說得的那樣。無論我祈禱多少次，獻上多少犧牲，看過多少預兆，丈夫就是沒有回來。更慘的是，泰勒馬科斯已經到了喜歡指使我的年紀，我獨力操持宮裡的事務整整二十年，但現在他卻想建立自己是奧迪修斯之子的地位，接掌權力。他開始在大廳發脾氣，隨隨便便頂撞追求者，每次都讓我覺得他必死無疑。他就像其他年輕人，註定會做出有勇無謀的事。

後來他果然溜上一艘船，出海四處探詢父親的下落了，連問都沒有問我一聲。這眞是嚴重的侮辱，不過我沒空難過，因爲得寵的丫鬟們告訴我，追求者知道我兒子大膽溜走之後，立刻派船去守株待兔，等著在他回航的時候，突襲殺了他。

沒錯，就像後人傳唱的，傳令官梅東把他們的計畫告訴我了。但其實我早就從丫鬟那兒知道了。不過，我還是得裝得很驚訝，不然的話，梅東——他不偏袒任何一方——就會曉得我另外有消息來源了。

於是，想也知道，我衝來撞去，跌在門檻上號啕大哭，所有丫鬟——我心愛的十二個丫鬟和其他女侍——也跟著我哀傷哭泣。我罵他們怎麼沒人告訴我兒子走了，沒有人攔著他，最後，喜歡管事的老管家尤莉克蕾終於承認，是她幫他、慫恿他走的。她說，他們倆沒有跟我說，是因爲他們不希望我擔心。不過，她趕緊補了一句，一切都會沒事的，因爲諸神是公正的。

我話到嘴邊說不出口，因爲我看不出來他怎麼可能會安然無恙。

＊
＊
＊

當事情發展得太悲慘絕望，而也我哭夠了之後，儘管我的淚水還不至於變成池塘，我總是能（幸運地）上床睡覺。一睡著，我就開始做夢，整個晚上不停地夢，卻都沒有留下任何紀錄，因爲我從來不跟其他人說。我夢過奧迪修斯的頭被獨眼巨人塞克洛普捶扁，腦袋整個被吃掉了。我還夢過，他從船上跳進海裡，游向海中女妖。海中女妖就跟我的丫鬟一樣，唱著甜甜的歌曲，同時伸出鳥一般的指爪，準備將奧迪修斯撕成碎片。我夢見，他跟美麗的女神做愛，非常享受。女神突然變成海倫，越過我丈夫裸程的肩頭看著我，臉上帶著惡毒的冷笑。這個夢實在太恐怖了，讓我驚醒過來，跪地祈禱，這只是來自夢神國度，穿越象牙門而來的虛假之夢，不是穿越號角門而來的眞實之夢。

我倒頭又睡，終於做了一個舒服的好夢。我說過這個夢，說不定各位都聽過。我姊姊伊菲泰姆——她年紀比我大多了，我幾乎對她沒什麼印象，因爲她結婚之後就搬走了——走進房裡，站在床邊對我說，是雅典娜派她來的，因爲諸神不希望我再受苦了。她帶來的消息就是，泰勒馬科斯會平安歸來。

不過，當我問她奧迪修斯的消息時——他是死是活？——她卻拒絕回答，消失無蹤了。

還說什麼諸神不希望看我受苦。祂們根本在尋我開心。我就像隻流浪狗，被石頭砸，夾著尾巴，讓祂們看得高興。神喜歡的根本不是動物的脂肪和骨頭，是我們人類受苦受難。

17 吟唱：夢之船，民謠

睡眠是我們唯一的休息；
只有睡覺，才能得到平靜，
不用擦地板，
不用把油垢擦乾淨。

不用擔心在大廳被追著跑，
或在灰塵裡跌跤摔倒。
那些個笨蛋貴族們，

各個想在我們的裙下拜倒。

睡覺的時候，我們喜歡做夢；
夢見自己在海上招搖，
搭著金色的船，乘風破浪，
多麼快樂、乾淨又逍遙。

在夢裡，我們都很美麗
穿著閃亮的鮮紅衣裳；
跟心愛的男人同床共枕，
將吻灑遍他的身上。

他們用歡宴填滿白天，

我們就用歌曲填滿夜晚，
我們帶著愛人搭上金色的船，
一整年都在海上遊玩。
船上只有歡笑與親愛，
沒有痛苦的淚水；
我們受到慈悲的恩賜，
在金色的國度裡陶醉。

然而，白天到了，我們的夢也醒了：
繼續為工作賣命，
任人撩起裙襬，
讓混蛋爛人恣意踩躪。

18 海倫的消息

泰勒馬科斯果然躲過等著他的伏擊，平安回到綺色佳，不過多半是靠運氣，而不是因爲他早有防備。我喜極而泣，迎接他回來，所有女僕也是。很不幸地，我接下來竟然和我唯一的兒子大吵一架。

「你是豬腦袋啊！」我惡狠狠地對他說：「竟然就這樣搭船跑走了，連問也沒問一聲？你只是個小毛頭耶！根本沒有駕船的經驗！要不是運氣好，你大概已經死了五十次都不止，要是你爸回來，他會怎麼說？絕對會怪我沒有好好看住你！」我喋喋不休地數落他。

我顯然說錯了話。泰勒馬科斯立刻怒氣沖沖地說自己已經不是小孩，是男人了——而且，他不是回來了嗎？這不就證明了他知道自己在做什麼。接著他又頂撞我這個做母親的，說他駕船出海不需要任何人同意，這艘船本來就屬於他繼承的財產。不過，託我的福，現在他什麼遺產也拿不到了，因爲我沒有善盡看管財產的責任，所有財產都被追求者蠶食鯨吞掉了。他還說，他當時痛下決心一定要去找父親，因爲似乎沒有人打算告訴他，父親人在哪裡。他說，父親看到他這麼有骨氣，擺脫女人的掌握，一定會非常驕傲，因爲女人太感情用事，根本不講道理又缺乏判斷力。

他說的「女人」就是我。他怎麼可以說自己的母親是「女人」？

我除了號啕大哭外，還能怎麼辦？

接著，我連珠砲似地說著，你就是這樣謝我的嗎？你根本不曉得我爲你受了多少苦，沒有女人應該受這種苦，我不如死了算了之類的話。不過，我想他以前已經聽我說過同樣的話了，因爲他抱著雙手，拚命翻白眼，一副不耐煩的樣子，等我把話說完。

大吵一陣之後，我們的怒氣都消了。丫鬟們幫泰勒馬科斯洗了個舒服的澡，幫他好好按摩一番，再換上新衣服，還爲他準備了可口的晚餐，並邀請他朋友——比里亞斯和泰奧克里門努斯過來。比里亞斯是綺色佳人，就是他跟著泰勒馬科斯一起跑掉的。我決定之後要找他談一談，同時造訪他父母親，問他們怎麼可以讓小孩出去亂跑。泰奧克里門努斯是陌生人，雖然看起來人很好，但我在心裡暗暗提醒自己，記得去查他的身世。泰勒馬科斯這個年紀的男孩子，很容易交錯朋友。

泰勒馬科斯狼吞虎嚥，大口喝酒，讓我很自責沒有好好教他餐桌禮儀。我曾經試過，然而，只要我一唸他，老母雞尤莉克蕾就會插嘴說：「好啦，小姐，讓小傢伙好好享受食物吧，等他長大，有的是時間學好全世界的禮儀。」之類的話。

「小時不學好，長大沒個樣，」我說。

「是啦是啦，」她會咯咯笑著說：「但我們現在沒必要逼他，對吧？當然囉！我們希望他快快長大長高，又高又壯的他也會有副好心腸，別讓壞脾氣的母親搞得他日子難過！」

尤莉克蕾話一說完，丫鬟們就會咯咯嬌笑，收拾盤子，稱讚他眞是個好孩子。

唉，他眞是被寵壞了。

＊　＊　＊

等三個年輕人終於吃完了，我便問起這趟航行的事，泰勒馬科斯有沒有聽說奧迪修斯的消息，或發現他在哪裡，畢竟那是他此行的目的。還有，如果他眞的探聽到什麼消息，可不可以告訴我？

各位應該察覺得出來，我的態度還是冷冷的。吵輪青春期的兒子實在很不好受。一旦他的個頭比你還高的時候，你就只有仰仗道德權威了：但這根本不足爲恃。

泰勒馬科斯接下來的話，真是嚇了我一大跳。他先造訪賢明的內斯特王，但內斯特王什麼也不曉得，於是他便轉去找梅勒勞斯。梅勒勞斯本人，那個滿身銅臭、駑鈍、嗓門大、帶綠帽的梅勒勞斯，也就是海倫的丈夫——我堂姊，妖嬈的爛妹子，我的不幸都是她惹出來的。

「那你有看到海倫嗎？」我問道，語氣有些僵硬。

「喔，有啊，」他說：「她請我們吃晚餐，美味極了。」接著，他開始絮絮叨叨地扯些什麼「海上老人」的事，說梅勒勞斯從這位說話讓人半信半疑的老紳士那裡得知，奧迪修斯困在美麗女神居住的島上，每天晚上都被迫跟女神做愛，是每天喲。

我早就已經聽多了有關美麗女神的故事，因此我只問：「海倫還好嗎？」

「看起來不錯，」泰勒馬科斯說：「在座每個人都在談特洛伊戰爭，都講得很精采，充滿打鬥、戰爭和開腸剖肚的場面——父親也在裡面。不過，一看這些沙場老兵開始泣訴時，海倫就把烈酒摻入飲料，大夥兒就又開始嘻笑哄鬧了。」

「不是，我的意思是，」我說：「她『看起來』怎麼樣？」

「就跟金色的阿芙蘿黛蒂一樣明艷照人，」他說：「看到她，眞是讓人興奮，我的意思是，她可是大名鼎鼎，青史留名的人物，而且她眞的值得別人粉身碎骨，在所不惜！」說完他靦腆地露齒微笑。

「她現在應該『老』一點了吧，」我儘可能保持語氣冷靜：「她怎麼可能跟阿芙蘿黛蒂一樣明艷照人！根本違反自然嘛！」

「喔，嗯，是啦，」我兒子說。守活寡的母親和獨子之間該有的感情，這時候總算冒出頭來了。他望著我，善解人意地說：「其實，她看起來眞的很老，」，接著又說：「比你老多了。一副歷盡滄桑的樣子，滿臉都是皺紋，像顆老蘑菇，而且牙齒都黃了。老實說，有幾顆牙根本就掉了。我們是喝酒喝到茫以後，才會覺得她還是很美。」

我知道他在撒謊，不過他爲了討好我才說謊，所以我還滿感動的。他畢竟是最滑頭的赫密士的朋友奧圖里可斯的曾孫，聲調柔和、謊話連篇、善於說服男人、迷惑女人、鬼頭鬼腦的奧迪修斯的兒子。他大概還算有腦袋。「兒子，謝謝你告訴我這些，」我說：「我很感激，我得去準備一籃麥子祭拜了，祈禱你父親平安歸來。」

我說完就去祭拜了。

19 喜悅的呼喊

是誰能說祈禱有效？不過話說回來，又是誰說祈禱無效？我想像諸神在奧林帕斯山上遊蕩，沉醉在花蜜和珍饈以及燒炙骨頭和肥肉的香氣中，就像逗著一隻病貓玩耍，閒功夫多得很的一群十歲小孩一樣。「今天要回應誰的祈禱呢？」祂們問：「擲骰子決定好了！給這人希望，讓那人絕望，既然如此，乾脆把那女人的生活給毀了吧，變成小蝦子去跟她上床！」我想，他們這麼愛惡作劇，是因爲太無聊了。

我祈禱了二十年都沒有回應。這次終於跟往常不一樣了。我才剛做完例行的儀式，照規矩灑下幾滴清淚，奧迪修斯就踉踉蹌蹌走進院子裡了。

當然，踉蹌只是做個樣子，我並不意外。他顯然已經評估過宮裡的情勢了——追求者到處都是，耗費他的資產，想殺死泰勒馬科斯，侵占他的女僕的性服務，還打算奪走他妻子——他很聰明地決定，不要就這麼莽莽撞撞地走進宮裡，說自己就是奧迪修斯，要追求者立刻離開。如果這麼做，肯定不出幾分鐘就會被幹掉了。

於是，他打扮成髒兮兮的老乞丐。他有把握，追求者都不曉得他的長相，因爲他駕船出征的時候，這些傢伙不是太小，就是根本還沒出生。他的僞裝眞是沒話說——他臉上的皺紋和禿頭可別是眞的才好——不過，我一看到他厚實的胸膛和那雙短腿，便立刻起了疑心。等我看他跟另一個找他吵嘴的乞丐大打出手，一下扭斷對方脖子，我就知道絕對是他，他就是這樣：行事該隱密就隱密，但要是有把握能贏，他也不會排斥正面迎擊。

我不讓別人知道我已經發現了，這樣會置他於險境。再說，要是做丈夫的對自己的易容技巧很自豪，妻子卻說認得出他，那可是不智之舉：如果硬生生戳破男人自認聰明的地方，那就太魯莽了。

泰勒馬科斯也跟我一樣瞞著別人，我感覺得出來。他跟他老爸一樣，天生就懂得扯謊騙人，但還不是很嫻熟。他帶喬裝的老乞丐來見我的時候，一副躊躇不前，結結巴巴的樣子，不敢正眼看我，立刻就露了餡兒。

不過，他並不是馬上就帶老乞丐來見我。奧迪修斯先在宮裡待了幾小時，到處刺探，同時被追求者虐待。他們嘲弄他，扔東西丟他。可惜我不能告訴那十二個丫鬟，他就是奧迪修斯，因此她們繼續無禮對待泰勒馬科斯，甚至跟追求者一起欺負他。我聽說，裡頭就屬「俏臉」梅蘭索最兇。我決定等時機適當了再插手，跟奧迪修斯說丫鬟們只是按我的吩咐辦事。

當天晚上，我安排老乞丐在大廳見我（大廳這會兒已經空蕩蕩了）因爲他說他有奧迪修斯的消息——他編了一個滿可靠的故事，向我保證奧迪修斯很快就會回來了。我灑下幾滴眼淚，說我很怕到時他沒有回來，因爲這些年來已經有太多路過的人，跟我說過一樣的事了。我跟他說自己受的苦，還有對丈夫的思念，說了很多——在他喬裝成流浪漢的時候講給他聽其實更好，因爲這樣一來他更可能相信我說的話。

接著，我刻意問他意見，奉承他。我跟老乞丐說，我決定把奧迪修斯的神弓拿出來，就是他一箭射穿十二支圓形斧頭柄（讓人歎爲觀止）的那把弓——然後要所有追求者來挑戰，誰能做到，誰就得到我當作獎賞。這麼做絕對能讓我現在難以承受的處境告一段落。我問他，你覺得這個計畫怎麼樣？

他說，這個主意太好了。

歌謠裡說，奧迪修斯回到綺色佳和我決定舉行拉弓射斧比賽的時間相同，只是巧合——或照我們當時的說法，就是神意。現在，各位知道眞相了。因爲我知道只有奧迪修斯辦得到，而那個老乞丐就是他。這根本不是巧合，整件事都是我故意設計的。

我和可疑的老乞丐變熟之後，跟他說了我做的一個夢。夢跟我那群可愛的白鵝有關，我非常喜歡牠們。我夢見牠們在院子裡快樂地東啄西啄，這時突然有一隻嘴喙像鉤子一樣的大老鷹從天而降，把白鵝全給殺了。我看了一直哭一直哭。

老乞丐奧迪修斯向我解釋了這個夢：老鷹是我丈夫，白鵝是那群追求者，而老鷹很快就會把白鵝殺光了。至於老鷹的鉤子嘴，他沒解釋，也沒說明我對天鵝的愛，和爲什麼牠們被殺會讓我這麼難過。

所以，奧迪修斯搞錯了。他是老鷹沒錯，但白鵝不是追求者。我不久之後就會明白，白鵝原來就是我那十二個丫鬟，所以我才會那麼悲傷。

歌裡說得很詳細，我命令丫鬟們去幫乞丐奧迪修斯洗腳，他拒絕了，說他只讓不會罵他笑他的腳又粗又醜的人洗腳。於是，我便去找尤莉克蕾，請她幫忙，因爲她那雙腳就和奧迪修斯的一樣，完全缺乏美感。尤莉克蕾雖然嘴裡嘀咕，還是照辦了，絲毫沒發現我爲她設下的笨圈套。不過，她很快就看到他腿上那道長長的疤，她幫奧迪修斯洗過太多次澡，知道得太清楚了，當下就驚喜地喊了一聲，把浴盆裡的水灑了一地。奧迪修斯爲了不讓她洩密，差點兒沒把她悶死。

歌裡說，當時雅典娜分散了我的注意力，所以我什麼也沒察覺。如果這話你都信，那還有什麼胡說八道你會不信？其實，我轉身背對他們倆，是不想讓他們發現我因爲計謀成功，而在心裡暗自欣喜。

20 惡意的流言

說到這裡，我覺得有必要澄清這兩三千年來盛傳的一些流言中傷，因爲它們完全是假的。很多人說無風不起浪，但這根本是胡說，有許多謠言後來都證實根本毫無根據，關於我的流言也是如此。

流言主要和我的床第生活有關。比方就有人說，我跟追求者當中最溫文有禮的安斐諾姆斯上床。歌裡說我覺得跟他談話很愉快，起碼比其他人聊天開心，這倒是眞的。但說我跟他談得來，到讓他上我的床，可是還有好大一段距離。傳說我邀請追求者，私下答應他們當中幾位，這也沒錯，但那只是策略所需。別的不說，我就是靠暗渡陳倉，才從他們身上搜括到昂貴的禮物——不過比起他們每天吃掉用掉的還是九牛一毛——我還要提醒各位一點，那就是我這麼做，奧迪修斯都看在眼裡，也都同意了。

比較誇張的流言說，我跟所有追求者都上過床，一個接著一個——總共上百個——生下了羊神潘恩。誰會相信這麼惡毒的中傷啊？有些歌根本就不值得一聽。

很多人都提及我婆婆安提克蕾，奧迪修斯在死人島上遇到她的靈魂的時候，她完全沒提到追求者。有人就拿她的沉默這點當證據說，要是她提到追求者，就一定會說我紅杏出牆的事。說不定她這麼做，是爲了在奧迪修斯心中播下懷疑的種子，但各位都曉得她對我是什麼態度，她那麼做只是最後一記回馬槍。

有些人注意到，我沒有趕走或懲罰那十二個舉止輕率的丫鬟，也沒把她們關在外廂房，要她們磨玉米，因此我一定和她們一樣放蕩。眞相如何，我之前已經解釋過了。

有個比較嚴重的指控是，奧迪修斯剛回來的時候，沒讓我知道。他們說，因爲他不相信我，想確定我沒有在宮裡放蕩淫亂。事實是他很怕我會喜極而泣，讓他洩漏身分。他殺追求者的時候，找尤莉克蕾幫忙，沒找我，反而把我和其他女人關在女廂房，也是同樣的道理，因爲他非常了解我——我的心很軟，很容易流淚，很容易崩潰。他那麼做，只是不想讓我暴露在危險當中，或見到不堪的畫面而已。這樣來解釋他的行爲就很合理了。

要是我丈夫在生前就知道這些是謠言中傷，絕對會扯掉不少人的舌頭。不過，現在才來惋惜沒有抓住機會，其實沒什麼意義。

21 吟唱：潘妮洛普的痛苦，戲劇

演出者：眾丫鬟
開場白：「俏臉」梅蘭索

就要進入高潮，恐怖而血腥，
且讓我說：其實另有隱情。
甚至有許多版本，因爲謠言女神，
她的幽默要看心情。
傳說，拘謹的潘妮洛普，

在床上可是個蕩婦！
有人說她和安斐諾姆斯上床，
用呻吟和哭泣掩藏她的慾望；
還有人說，每個輕浮的追求者，
都有幸輪流跟她顛鸞倒鳳，
羊神潘恩就是雜交的結果——
至少寓言是這麼說的。
各位看倌，誰也不知道眞相到底爲何——
但就讓我們一窺帷幕後的實情吧！

丫鬟飾演尤莉克蕾：
親愛的孩子，我還以爲你已經完蛋了！唉呀！
主人回來了！沒錯，他回來了！

潘妮洛普：丫鬟飾演

他從遠處走過來的時候，我就知道是他——

因爲他那雙短腿。

尤莉克蕾：

我是看他那道長長的疤！

潘妮洛普：

現在，親愛的奶媽，肥油已經在火裡燃燒——

我放縱慾望，他肯定會砍了我！

他和精靈、美人尋歡的時候，

可曾想過我只有盡義務的分？

他讚賞女孩和女神的時候，

可曾想過我已經像葡萄般乾癟？

尤莉克蕾：

當你號稱正在轉動那有名的織布機的時候，
其實你正在床上工作。
現在這裡空間很大——可以執行斬首！
潘妮洛普：
安斐諾姆斯，快！躲到背後的階梯下！
我坐在這裡，假裝哀傷和煩憂。
穿上袍子！綁好我散開的頭髮！
有哪些丫鬟知道我的私情？
尤莉克蕾：
夫人，就那十二個，是她們幫你，
知道你對追求者欲拒還迎。
她們整夜偷渡愛人到你房裡；
她們拉上窗帘，手執燭火。

她們參與了你每回出軌的激情——
一定要讓她們保持沉默，不然秘密遲早會被洩漏！
潘妮洛普：
喔，這樣的話，親愛的奶媽，就看你了
救救我，和奧迪修斯的名聲！
因爲他曾經從你現已乾癟的胸脯吸奶，
你是我們當中，他唯一信任的人。
指責哪些丫鬟偷懶不忠，
被追求者抓去當戰利品，
被玷污，沒廉恥，不配做
他這樣的主人的愛僕！
尤莉克蕾：
我們會送她們到冥府，就能讓她們住嘴。

他會吊死她們，就像吊死那些骯髒的壞女人！
潘妮洛普：
這樣，我就能保住模範妻子的美名——
其他做丈夫的會覺得，奧迪修斯眞是蒙神眷顧！
但要快——追求者又來求歡了，
然而，我就得開始給他們喝個倒采了！

吟唱，穿著踢躂舞鞋：
要怪就怪在丫鬟身上吧！
怪那些淘氣、水性楊花的小女生！
把她們吊死，別問爲什麼——
要怪就怪在丫鬟身上吧！

要怪就怪在奴隸身上吧！
她們是流氓惡棍的玩物！
把她們絞死，雙腳飄來盪去——
要怪就怪在奴隸身上吧！

要怪就怪在蕩婦身上吧！
這些微不足道的賤貨！
每件裙子上都有髒污——
要怪就怪在蕩婦身上吧！

所有人屈膝行禮

22 海倫沐浴

我在常春花田漫步，緬懷過去的時光，突然發現海倫也在前面溜達，後面照例跟著一大堆男性遊魂，全都帶著興奮的期待，嘰嘰喳喳。不過，海倫瞧也不瞧他們一眼，雖然她很清楚他們跟在後頭。她身上有一副隱形天線，只要聞到一絲男人的味道，就會立刻會抽動。

「嗨，小鴨鴨表妹，」她用一貫溫和謙遜的語氣對我說：「我正準備去洗澡，要不要一起來呢？」

「我們已經變成鬼了，海倫，」我勉強擠了個像是微笑的表情答說：「鬼是沒有身體的，所以不會弄髒，不需要洗澡。」

「喔，但是，我說洗澡向來都是靈性方面的，」海倫說著，同時睜大她美麗的雙眸：「我覺得，在苦痛當中能夠洗個靈性的澡，感覺非常舒服。你一定不曉得，年復一年，成天都有一堆男人爲你吵架，感覺有多累。絕色的美貌眞是個負擔，幸好你沒有這種苦惱！」

我假裝沒看見她嘴角的冷笑，問她：「你打算脫掉鬼穿的袍子嗎？」

「潘妮洛普，我們都曉得你的端莊是出了名的，」她說：「我敢說，你現在洗澡也會穿著袍子，就跟你活著的時候一樣。只可惜，」她在這裡頓了一下：「喜愛歡笑的愛與美女神阿芙蘿黛蒂給了我很多長處，就是沒有端莊這一樣。我洗澡的時候當然不穿袍子，就算是做鬼也一樣。」

「難怪你身邊總是吸引一大群旁觀者，」我簡潔地說。

「人是不是多得很誇張？」她問我，同時狀似無辜地揚了揚眉毛：「我後面老是跟著這麼多男人，我從來沒數過，不過，他們當中有那麼多人爲我而死——呃，因我而死——我眞的覺得應該做些什麼來報答他們。」

「讓他們看看在地球上想看而沒看到的吧，」我說。

「身體沒了，慾望卻不會消失，」海倫說：「只有滿足慾望的能力會消失。不過，偷窺個一兩眼還是能讓他們興奮，這些可憐的傢伙。」

「這樣他們才有動力活下去，」我說。

「你眞聰明，」海倫說：「我想遲來的總比從來沒有過好。」

「你的意思是，這些死人要的是我的聰明，還是你什麼都沒穿的胸部和屁股？」我說。

「你還眞是憤世嫉俗，」海倫說：「我們已經不再……你知道的。實在沒必要這麼負面，而且這麼，這麼粗俗！有些人就是天性慷慨，喜歡幫忙比較不幸的人。」

「你只是想把手上的血洗掉，」我說：「當然，我只是打個比方。彌補所有被砍成碎片的屍體。我不曉得你竟然也有罪惡感。」

我的話讓她很不舒服。她微微皺了眉頭，說：「我問你，小鴨，奧迪修斯為了你殺過多少男人？」

「很多，」我說。其實她知道多少：死在她門前的男人堆起來有金字塔那麼高，我的跟她比起來根本微不足道，這她早就心滿意足地曉得了。

「這要看你說的很多是什麼意思，」海倫說：「不過也好，我敢說那一定讓你覺得自己變重要了，甚至變美了。」她只有嘴在笑：「嗯，我得走了，小鴨。我應該會再見到你。好好逛常春花田吧。」說完，她就飄走了，後面帶著那一群興奮的跟班。

23 奧迪修斯和泰勒馬科斯殺死丫鬟

出事的時候，我在睡覺，從頭到尾都沒醒來。我怎麼會這樣？我猜尤莉克蕾在她拿來給我，讓我舒服一點的飲料裡摻了東西，讓我動彈不得，沒辦法插手。其實就算醒著，我也無能爲力：奧迪修斯把所有女人都牢牢鎖在女眷廂房裡。

後來，尤莉克蕾向我（和所有想聽的人）描述了事情的經過。她說，奧迪修斯（那時他仍然裝成乞丐）先看泰勒馬科斯架好十二柄戰斧，但沒有半個追求者能夠拉開他的名弓。於是他走上前，拿起弓，張弓一箭射穿十二柄戰斧——這是他第二次贏得我作爲新娘——再一箭射穿安提諾斯的咽喉。之後，他脫掉僞裝，用弓箭和劍矛把追求者全部殺死，剁成肉醬。泰勒馬科斯和兩名忠心的牧人在一旁幫忙；那還眞是一場混戰。追求者的矛劍不多，都是梅拉休斯那個背叛主子的牧羊人給他們的，但這些武器到最後全派不上用場。

尤莉克蕾告訴我，她和其他女人瑟縮在上鎖的門後，聽著吼叫聲和家具裂開的巨大聲響，還有快死的人的哀號。接著，她跟我說後來發生了什麼恐怖的事。奧迪修斯喚她過去，要她指出「不忠」的丫鬟，強迫她們將追求者的屍體（包含她們先前的愛人）拖到庭院，再把地板上的腦漿和血跡洗乾淨，同時清理所有沒壞的桌椅。

之後──尤莉克蕾接著說──奧迪修斯吩咐泰勒馬科斯用劍把丫鬟碎屍萬段，但我們的兒子想向父親證明自己很行，知道該怎麼做──這個年紀的孩子就是這樣──便用一根船的桅索，將丫鬟給吊死了。

接著（尤莉克蕾說著，絲毫掩不住心裡幸災樂禍的感覺）奧迪修斯和泰勒馬科斯切下壞牧羊人梅拉休斯的耳朵、鼻子、雙手雙腳和生殖器，扔給狗吃。可憐的梅拉休斯痛得聲嘶力竭，他們父子倆就是不理不睬。「他們決定用梅拉休斯來殺雞儆猴，」尤莉克蕾說：「這樣以後就沒人敢造反了。」

「哪些丫鬟被殺了？」我這時已經開始掉淚了：「諸神哪，他們吊死了哪些丫鬟？」

「那些犯姦淫的，孩子，」尤莉克蕾說，她早知道我會傷痛：「他本來想全都殺了，所以我只好犧牲幾個——不然就沒有人活得了了。」

「哪幾個？」我說，試著控制自己的情緒。

「就，就十二個，」她支支吾吾地說：「那些最沒有規矩的奴婢。那些沒禮貌的，對我嗤之以鼻的丫鬟們，就是『俏臉』梅蘭索她們那一票——她們每個都是惡名昭彰的蕩婦。」

「她們是被強暴的，」我說：「她們最年輕、最美。」是我放在追求者之間的耳目，不過我沒有說出口。拆解壽衣的漫漫長夜，她們是我的幫手。她們是我的如雪一般的白鵝、我的歌鶇、我的鴿子。

都是我的錯！我應該跟她說我的計畫的。

「是她們自己鬼迷心竅，」尤莉克蕾辯解道：「奧迪修斯王是不可能要這種無禮的女孩繼續在宮裡伺候的。他沒辦法信任她們。親愛的孩子，下樓去吧，你的丈夫正在等你。」

我還能怎麼辦？再怎麼悲傷，也喚不回我那些可愛的女孩。我狠狠咬住舌頭。後來許多年我時常咬舌頭，它沒被咬斷眞是奇蹟。

死者已矣，我跟自己說。我會爲她們祈禱，獻祭撫慰她們的魂靈。但要偷偷地做，不然，奧迪修斯也會懷疑我。

＊　＊　＊

其實有一個說法更邪惡。說不定尤莉克蕾其實知道我和丫鬟們的約定——知道我要她們幫我刺探追求者，同時聽我的話假裝違抗命令？說不定她把她們一一點出來，讓她們被殺掉，是因爲生氣自己被排除在外，並且希望保有自己在奧迪修斯心目中的親信地位？

在這地底下，我沒辦法問她。她手邊有一打死掉的小嬰兒要照顧，忙碌得很。這些小孩永遠不會長大，這點很合她的心意。我每次去找她，想跟她說話，她總是回答：「晚點，孩子，老天爺，我根本空不出手來！瞧這些可愛古錐——咿咿呀呀嗚嗚的小傢伙！」

所以，我永遠也不會知道是不是這樣。

24 吟唱：人類學演說

演出者：十二丫鬟

我們的人數，丫鬟的數目——十二——受過教育的人聽到了會想到什麼？十二門徒？耶誕節的天數？都對。不過，還有一個：十二個月。那「月」這個字，讀過書的人又會想到什麼？什麼？後面那位先生，您說什麼？沒錯！我想大家都知道「月」就是「月亮」的月。喔，這當然不是巧合，一點也不是，我們剛好十二個人，不是十一，不是十三，更不是諺語中擠牛奶的八名女僕！

因爲我們可不是單純的丫鬟。我們不只是奴隸、苦力，當然不是！我們的用處不只如此！也許我們不是十二丫鬟，而是十二少女？十二個月之少女，是貞潔但致命的月亮女神阿提米斯的同伴？或者我們是犧牲的祭品，或是善盡職責的女祭司，先和追求者行縱情酒色的繁殖儀式，再用被殺男伴的鮮血清洗身體，來淨化自己——男伴的屍體堆積如山，這對女神是多大的榮耀啊！——重新獲得處女之身，這不就像是阿提米斯在沾染阿克提翁[1]的血的泉水裡沐浴，重獲處女之身一樣？之後，我們會自願犧牲自己，唯有靠我們的犧牲，才能重新啓動月亮黑暗的階段，以完成更新月亮週期的使命，好讓皎潔的新月女神得以重生。人家都說伊菲姬妮亞[2]無私、奉獻，那我們呢？我們爲什麼不是？

上面這種說法，就「繫於」——原諒我們一語雙關——吊死我們的那條桅索，因爲新月就是一艘船。而且故事裡直接提到「弓」——阿提米斯如弓的下弦月，用來發射射穿十二柄戰斧的那支箭——十二柄！弓箭射穿斧柄的圓孔，圓圓「月亮」形狀的圓孔！還有，各位親愛的讀書人，想想吊死這件事的重要性吧！在地表之上，漂浮在空中，靠一條臍帶似的船桅索，和月亮掌管的大海相連——

喔，線索眞是多得數不完，怎麼可能看不出來呢？

什麼，先生？後面那位？是，您說的沒錯，陰曆其實有十三個月，所以應該有十三個丫鬟才對。所以，您說——抱歉，不過您的語氣聽起來有那麼一點沾沾自喜——我們的說法是錯的，因爲我們只有十二個。不過，等等——眞的有十三個！第十三個就是大祭司，阿提米斯本人的化身。她不是別人，就是——沒錯，潘妮洛普王后！

所以，我們被強暴、被吊死，說不定意味著母系的拜月文化被一群暴亂的父系父神崇拜的野蠻人給推翻了。他們當中帶頭的，就是奧迪修斯，靠著跟我們文

1 Actaeon，希臘女神阿提米斯曾於某水泉中洗浴，被獵人阿克提翁無意中窺見。阿提米斯在盛怒之餘，將阿克提翁變成一隻公鹿，結果被隨行的獵狗噬斃。

2 Iphigenia，阿加曼儂的長女，阿提米斯命令阿加曼儂獻出伊菲姬妮亞做祭品，以求希臘軍艦出航遠征特洛伊的順風。

化裡的大祭司（就是潘妮洛普）結婚，和我們成爲親人。

不對，先生，我們可不認爲自己說的故事只是沒有根據的女性主義瞎扯。您不想在公開場合談這些事，我們可以理解——強暴和謀殺都不是什麼開心的話題——不過，父系推翻母系的戲碼，當時肯定在地中海各地上演，這是出土的史前遺跡一再佐證的事情。

非常明顯，後來那場殺戮竟然沒用那十二柄戰斧，之後三千年的註釋、評論顯然更不會提出令人滿意的解釋——肯定是和邁諾斯（Minoans）地母文化有關的雙面迷宮之斧儀式，就是每回第十三個陰曆月到底的時候，用來砍掉「年王」頭顱的斧頭！因爲不服從命令的「年王」用地母的弓射箭，穿過她舉行儀式用的生死斧，好證明自己凌駕在她之上——這眞是玷辱啊！就好像象徵父權的陽具逕自穿入……嗯，我們扯遠了。

在前父權時代，也有拉弓射箭比賽，但都有條有理，贏的人就可以封王一整年，之後就被吊死——還記得吊死鬼的圖案嗎？這個圖案流傳到現在，只出現在低賤的塔羅牌裡。除了吊死，生殖器也要切掉，正好充當入贅給女王蜂的雄蜂。這兩件事（吊死和切除生殖器）都能確保來年的作物豐收。然而，巧取豪奪的強人奧迪修斯卻拒絕這樣的死法。他貪婪地夢想獲得更長的生命和更大的權力，便找了替死鬼。生殖器是被切除了，但不是他的——而是牧羊人梅拉休斯的。吊刑也執行了，但死的卻是十二名月之少女，代替了他懸在空中搖晃。

還有很多可以說的。你們想看看花瓶上的彩繪嗎？有些還雕刻了女神文化的物品？不是？沒關係。重點是各位飽讀詩書的心靈，不用太在意我們。不用把我們想成眞的女孩，是有血有肉，眞的會痛苦，眞的承受不義的女孩。這樣可能讓你很不安。不要管悲慘的部分，把我們想成純粹的象徵就好，我們還沒有錢來得眞實。

25 其心如石

我下樓，在心裡衡量該怎麼做。尤莉克蕾跟我說殺死追求者的是奧迪修斯，我假裝不相信，說不定他是冒牌貨，我說——都二十年過去了，我怎麼知道奧迪修斯現在是什麼模樣？接著我又想，我在他眼裡又會是什麼模樣？他揚帆出征的時候，我還年輕，如今我已經是中年婦人了，他要怎麼才不會失望呢？

我決定讓他等：我已經等得夠久了。再說，我也需要時間來隱藏自己對十二個丫鬟不幸被吊死的哀痛。

因此，等我走進大廳，看見他坐在廳裡，我什麼也沒說。不過，泰勒馬科斯倒是分秒必爭：他一看到我就罵我，嫌我對他父親回來的反應不夠熱烈。他罵我鐵石心腸。我知道，他心裡有個美好的小小幻想：他們倆擁著我，兩個都是大人了，是雞寮裡當家作主的兩隻大公雞。當然，我希望給他最好的——畢竟他是我兒子——我希望他能夠成功，無論是政治領袖、戰士或任何他想成爲的人——然而，那一刻我只希望再有一場特洛伊戰爭，好讓我把他送上戰場，別來煩我。剛長鬍子的小男生最讓人難受。

不過，我很喜歡讓自己看起來心腸很硬，這樣奧迪修斯才會放心，不是每個自稱是奧迪修斯的人都會讓我對他投懷送抱。因此，我直直看著他，說我實在沒辦法相信，眼前這個骯髒、全身沾滿了血的流浪漢，是我美好的丈夫，他二十年前出海的時候，穿著打扮是多麼俊俏。

奧迪修斯微笑了——他早就在等待謎底揭曉的一刻了，等我說：「原來是你！你的易容術眞是太完美了！」然後緊緊摟著他的頸子。然後，他去洗了個極其必要的澡，等他穿著乾淨的衣服回來，身上的氣味比出發時更好聞，我忍不住想再捉弄他一回。於是，我要尤莉克蕾把床搬到奧迪修斯的臥房外頭，想要騙過陌生人。

各位或許還記得，奧迪修斯的床有一根床柱是樹雕成的，而且根還連在地上，這件事只有奧迪修斯、我、跟我從斯巴達來的丫鬟艾特麗絲知道，不過，艾特麗絲已經過世很久了。

想到可能有人砍斷他最寶貝的床柱，奧迪修斯立刻就火了，這時候我才鬆口，說自己總算認出他來。我流下幾行皆大歡喜的淚水，擁抱他，說他通過了床柱的考驗，我現在相信他是奧迪修斯了。

於是，我們再度爬上新婚當時共度無數良宵的眠床，在海倫還沒昏了頭，跟巴里斯私奔，點燃戰火，讓我家成爲一片荒蕪之前，雲雨纏綿的地方。我很高興，天已經暗了，陰影裡的我和他都顯得沒有那麼皺紋滿面。

「我們的肉體已經不再年輕鮮嫩了，」我說。

「我們還是啊，還是，」奧迪修斯說。

過了一會兒，我們都覺得很愉快，便又像過去習慣的那樣開始講故事。奧迪修斯告訴我，他的歷險和重重難關——高雅版，不是低俗版，遇到的是怪物和女神，而非客棧主人和娼妓。他告訴我，他撒了哪些謊，捏造哪些假名——他覺得自己跟塞克洛普說，他叫「無名小卒」，是最聰明的招數，雖然他後來吹牛搞砸了——胡謅了哪些假生平，故意隱瞞他的身分。至於我，我跟他說追求者的故事，還有用雷爾特斯壽衣耍的詭計，我如何假裝鼓勵追求者，從而誤導他們，以及如何耍他們讓他們彼此對抗的故事。

接著，他告訴我他有多想我，即便躺在女神白皙的臂彎裡，心裡還是充滿對我的思念。我則告訴他，辛苦等他歸來這二十年，我流了多少眼淚，又是多麼忠貞不貳，絕不可能背叛這張有著美麗床柱的大床，在這裡跟其他男人歡好。

我們倆都是——我們都承認——名聞遐邇、寡廉鮮恥的大騙子。沒想到我們卻會相信彼此所說的話。

但我們眞的相信。

起碼我們是這麼跟對方說的。

　　奧迪修斯回家沒多久，就又出門了。他說，他雖然很不想離開我，但他必須繼續冒險。先知泰瑞西亞的魂靈跟他說，他必須帶著一支槳走到內陸很遠很遠的地方，直到遇見的人以爲他拿的是搧風的扇子。只有這樣，他才能淨化自己，洗掉身上追求者的鮮血，以避免追求者的鬼魂或他們的親人前來復仇，平息海神普塞頓的憤怒。海神現在還因爲奧迪修斯弄瞎他兒子塞克洛普的雙眼，而忿恨難平。

　　很熟悉的故事。但話說回來，他的故事都很像。

26 吟唱：奧迪修斯的審判，丫鬟錄影

被告律師：庭上，請允許我向在座各位說明我的當事人是無辜的。奧迪修斯是大名鼎鼎的傳奇英雄，現在卻站在這裡接受多起謀殺罪的指控。他是不是有權用箭用矛大開殺戒——我們不否認有謀殺，也不否認使用武器——殺了一百二十個出身良好的年輕人，加減十來個，因爲他們未經我當事人同意，就隨意吃掉他的糧食，騷擾他的妻子，甚至計畫謀殺他的兒子，篡奪王位？我可敬的原告律師認爲，奧迪修斯無權這麼做，因爲這些年輕人只是在他宮裡大吃大喝太過分了一點，這樣就把他們殺了，根本是反應過度。

原告律師還說，原告方面已經提出要賠償損失的糧食，奧迪修斯（或許還包

括他的繼承人）應該接受，別再鬧事了。然而，我方之前曾多次要求這些年輕人，他們卻絲毫沒有克制食慾，也不想保護奧迪修斯和他的家人。奧迪修斯不在場時，他們的表現毫無忠誠可言，反而為非作歹。所以，他們的話能相信嗎？任何有理性的人能期待這些年輕人一定會按照當初的承諾，最起碼地賠出一頭公牛嗎？

讓我們比較一下。一百二十，加減十來個，對一個——或者說，四個。因為就像對方律師說的，奧迪修斯確實有幫手：一個還沒長毛的小伙子，和兩個沒有受過軍事訓練的僕人。您說，誰有辦法阻止這群年輕人先假裝和奧迪修斯達成協議，再趁夜打倒守衛，衝進去一湧而上，將奧迪修斯殺死？因此我們認為，我方備受尊重的當事人奧迪修斯，只能抓住命運女神給他的可能的唯一機會，而他所做的一切只是自我防衛。是故，我方希望庭上能夠撤銷本案。

法官：本庭傾向同意你的說法。

被告律師：謝謝您，庭上。

法官：後面騷動是怎麼回事？請注意秩序！女士們，別再出洋相了，把衣服整理好，繩索從脖子上面解下來！坐下！

丫鬟：您忘了我們啦！那「我們」的案子呢？您不能這樣就放他走！他那麼殘忍，把我們吊死了！十二個人哪！十二個年輕女孩！沒道理！

法官（對被告律師）：這是另一項指控。嚴格說來，應該另外開庭審理。不過，既然兩個案件看來關係密切，我現在就聆聽證詞。你想為當事人發言嗎？

被告律師：庭上，我的當事人完全有權利這麼做，她們是他的奴婢啊。

法官：話是沒錯，不過，他這麼做應該有理由吧？再怎麼樣，也不能隨便殺害奴僕。這些女孩是做了什麼，需要被吊死？

被告律師：她們未獲准許，就跟人上床。

法官：嗯，我曉得了。她們跟誰上床？

被告律師：庭上，跟我當事人的仇敵。就是對他妻子心懷不軌，並且更想要他的命的那群人。（說完因爲自己的機智而咯咯直笑）

法官：我想她們應該是奴婢當中最年輕的吧？

被告律師：嗯，那還用說。她們當然都是長得最美，絕大部分都是最好弄上床的女孩。

丫鬟們苦笑。

法官（瀏覽一本書：《奧德賽》）：這本書裡有寫——這本書我們都必須看，因爲它是案情的主要資料來源，雖然內容不大道德，在我看來色情暴力太多。這裡寫著——讓我看看——第二十二章說，這十二名丫鬟被人強暴，強暴她們的就是追求者，而且沒有人阻止他們。再來，書裡說丫鬟們被追求者拖來拖去，只爲了滿足他們猥褻噁心的念頭。這些你的當事人都知道——書裡引述他的話，說的就是這些事。因此，丫鬟們是被人強迫的，也完全沒有得到保護，對吧？

被告律師：庭上，我當時並不在場。這些事都發生在三、四千年前。

法官：我知道。傳證人潘妮洛普。

潘妮洛普：庭上，當時我睡著了。我老是在睡覺，我只能告訴您，她們事後向我說了什麼。

法官：誰說了什麼？

潘妮洛普：那十二個丫鬟，庭上。

法官：她們說她們被強暴了？

潘妮洛普：嗯，是的，庭上。沒錯。

法官：而你相信她們？

潘妮洛普：是的，庭上。我的意思是，我覺得可以相信她們。

法官：據我了解，她們經常很無禮莽撞。

潘妮洛普：是沒錯，庭上，可是……

法官：可是你非但沒有處罰她們，還讓她們繼續伺候你？

潘妮洛普：庭上，我非常了解她們，也喜歡她們。裡頭有幾個可以說是我看著長大的。她們就像我的親生女兒。（開始啜泣）我真的爲她們難過！然而，她們大多數都被強暴了，只是時間早晚的差別。這就是宮廷生活可悲的一面，雖然很常見。對奧迪修斯來說，讓他生氣的不是她們被人強暴，而是沒有得到同意就被強暴。

法官（咯咯笑）：抱歉，夫人，但這不就是強暴的定義嗎？不經同意？

被告律師：庭上，夫人的意思是沒有得到主人同意。

法官：喔，原來如此，但她們的主人當時不在。所以丫鬟們被迫和追求者上床，是因爲無論她們有沒有反抗，都會被強暴，甚至更痛苦？

被告律師：我不曉得這和案情有什麼關係。

法官：你的當事人顯然也不曉得。（咯咯笑）不過，他跟我們所處的時代不同，行爲準則也不同。你的當事人一生這麼出眾，這件遺憾的小意外如果變成他生命裡的污點，那就太可惜了。再說，我也不想犯下以今論古的錯誤，因此我決定撤銷本案。

丫鬟們：我們要正義！我們要公道！血債血還！我們要召喚復仇女神！

十二名復仇女神出現，蛇髮、狗頭、蝙蝠翅膀，鼻子呼呼噴氣。

丫鬟：憤怒之神，復仇女神啊，你們是我們最後的希望！求求你們爲了我們，施下懲罰和該有的復仇！保護我們，因爲我們活著的時候一無所有！找到奧迪修斯，無論他躲到哪裡！從這裡到那裡，從今世到來生，無論他僞裝成誰，變成什麼形體，都把他找出來！派狗跟蹤他的足跡，在地上或冥府，無論他藏在哪裡，歌裡、戲劇裡、書裡、論文裡、註記裡或附錄裡，都要讓他無所遁形！變成我們去找他，變成我們這副衰敗的模樣，變成可悲的屍體，讓他永不安寧！

復仇女神轉向奧迪修斯，血紅的眼閃閃發亮。

被告律師：那我要召喚眼神陰鬱的雅典娜，宙斯的不朽女兒，來捍衛我當事人的財產和權利！他是自己家的主人。我要雅典娜立刻就用雲把他的魂魄帶走！

法官：這是怎麼回事？注意秩序！注意秩序！這是二十一世紀的司法法庭！那裡的，給我從天花板上下來！不要狂吠、發噓聲！夫人，請遮住您的胸部，把矛放下！這朵雲在這裡幹什麼？警察呢？被告呢？人都到哪裡去了？

27 黑底斯的日常生活

前幾天晚上，我透過一個起乩靈媒的眼睛，觀察了各位的世界。靈媒的客人想問她死去的男友，應不應該賣掉他們的公寓，沒想到卻把我召來了。哪裡有開口，我就常往哪裡跳，但不是每次都能想走就走。

我這麼說，不是瞧不起我的宿主。不過，活人煩擾死人的程度，眞是讓人歎爲觀止。過了幾千幾百年，幾乎都沒變，頂多方法不一樣而已。我並不是說我很懷念女巫西貝絲——她們拖著金色樹枝，帶著一大群傲慢的傢伙東逛西逛，希望探索未來，騷擾亡魂——但起碼她們很講規矩。後來的魔術師和大法師就差多了，雖然他們對這檔事還是很認眞。

然而，現在的傢伙幾乎都無關輕重，不足道矣。他們只想知道股市價格、國際政局和個人健康之類的蠢事。除此之外，他們還喜歡談一些已故的無名小卒，我們這個圈子的人根本沒聽過那些人。比如「瑪莉蓮．夢露」是誰啊？爲什麼大家對她那麼有興趣？誰又是「希特勒」啊？把精力浪費在這些傢伙的身上眞是太讓人生氣了。

不過，只有從這些有限的孔洞，我才能追蹤奧迪修斯以我不熟悉的面貌出現在陽世間的行蹤。

我想，各位都知道規矩。我們可以隨心所欲地重生，到來生再活一回。不過，我們得先喝下遺忘水，將過去從記憶中完全清除。理論上是這樣。不過，這只是理論，遺忘水不是每回都有效，很多人對前世記得很清楚。有些人說，水不只一種——有遺忘水，也有記憶水。但我不曉得是眞是假。

海倫出去過幾次，她都說那是「我的小遠足」。「眞是太好玩了，」她總是這麼說。接著開始細細描述她又征服了哪些男人，還有最新的服裝流行。因爲她，我才知道什麼是裝飾貼布、陽傘、裙撐、高跟鞋、束腹、比基尼、有氧舞蹈、刺環和吸脂手術。說完，她又會開始長篇大論，說自己有多調皮，引起多大的騷動，又毀了多少男人。我眞是傾國傾城，她就愛這麼說。

「我知道現代人對特洛伊戰爭的詮釋已經全部改變了，」我跟她說，帶點潑冷水的味道：「現在他們認爲你只是神話，打仗其實是爲了貿易路線。起碼學者是這麼說的。」

「喔，潘妮洛普，你不會還在嫉妒吧？」她說：「我們現在應該是朋友吧！下次我出去的時候，何不跟我一起去呢？我們可以去拉斯維加斯，享受徹夜狂歡的樂趣！不過，我忘了——那不是你的調調。你寧可在家當個忠心的小妻子，做做編織之類的。我眞壞，我就做不來，那會把我無聊死。不過，你一直都是居家型的。」

她說的沒錯。我是絕不會喝遺忘水的，因爲我不知道爲什麼要喝。不對，我其實知道，但我不想冒險。我活著的時候遭遇過許多困難，但是誰敢說來生不會更糟？即使我對世界了解有限，我也知道世界現在就跟過去一樣危險，而且苦難比從前更深。至於人性，也比過去更為醜陋。

* * *

這一切都阻止不了奧迪修斯，他三不五時會到下面來看我，表現出很高興見到我的樣子。他會跟我說，無論他跟多銷魂的美人上床，無論他經歷多狂野的冒險，他最忘不了的，還是當年我和他在一起的家居日子。我們會靜靜散步，摘幾朵水仙解饞，說說老故事。我會聽他說泰勒馬科斯的消息——他現在是國會議員了，我覺得好驕傲！然而，當我開始放鬆，覺得可以原諒他讓我承受的一切，寬容他一切錯誤，相信這次他是認真的時候，他就又轉身離開了，直奔忘川等著重生。

他是認真的，眞的。他眞的想和我在一起，他一邊說一邊低泣。然而我們總是會被無形的力量拆散。

是那些丫鬟。他看見她們遠遠地正朝我們這裡走來。她們讓他緊張不安，讓他難過，想要逃得遠遠的，除了我之外，跟誰在一起都好。

他當過法國將軍、蒙古入侵者，當過美國大亨，還當過婆羅洲的獵頭族。他當過電影明星、發明家和廣告人。不過，下場總是十分悲慘，不是自殺，就是意外身亡、戰死沙場或慘遭暗殺，然後他又會回到這裡。

「你們爲什麼不放過他？」我對丫鬟們大吼。我必須扯開嗓門，是因爲她們不讓我近身。「夠了吧！他已經懺悔，也禱告了，他已經洗清罪過了！」

「對我們來說『不夠！』」她們喊。

「那你們還要他怎樣？」我問。這時候我已經忍不住哭了：「告訴我！」

然而，她們什麼都沒說，只是轉身跑開。

說「跑」其實不大對。她們的腿沒有往前移動。她們還在晃動的雙腳並沒有碰到地面。

28 吟唱：我們走在你背後，情歌

唷喔！唷喔！無名小卒！沒名先生！幻術大師！巧手大王！騙子小偷的孫子！

我們也在這裡，跟你一樣，也是無名氏。別人將恥辱加在我們身上，我們是千夫所指，人神共憤。

我們是東掃西抹，雙頰發亮，鮮嫩多汁，愛笑愛鬧，厚顏無恥，賣弄風騷，擦拭血跡的女孩。

我們十二個。十二個月亮形狀的屁股，十二張可口的嘴，二十四個羽毛枕頭般柔軟的乳房，還有更棒的：二十四隻晃動的腳。

還記得我們嗎？怎麼可能會忘？是我們拿水給你洗手，幫你洗腳、洗衣服，在你肩膀上抹油，欣賞你開的玩笑，研磨你的玉米，爲你鋪舒服的大床。

你卻捆綁我們，吊死我們，讓我們像繩上的衣服一樣飄飄盪盪。多好玩啊！多刺激啊！那時候的你，又覺得自己多良善、多公義、多純潔啊，因爲你終於把這群圓潤污穢的髒女孩從腦袋裡趕走了！

你應該好好安葬我們。應該在我們身上灑酒，同時祈求我們的原諒。現在，你再也趕不走我們了。無論你走到哪裡，我們都會跟著你，從今世來世，直到永永遠遠。

我們能看穿你所有的僞裝：白天走的路，夜裡走的路，無論你走到哪裡，我們都緊緊跟在你的背後，像一縷輕煙跟著你，像長長的尾巴跟著你，十二個女孩變成的尾巴，跟記憶一樣沉重，卻又跟空氣一樣輕盈：十二道指控，趾尖滑過地面，手綁在背後，吐著舌頭，眼睛暴凸，歌曲的旋律哽在喉嚨。

你爲什麼要殺死我們？我們到底做了什麼，該當處死？你從來沒有回答。

你吊死我們，是出於嫉妒，出於唾棄，還是出於捍衛名譽。

還有你！貼心先生，大好人，神一樣的大法官！轉頭過去看看吧！我們就在你後面，很近很近，跟親吻一樣近，跟你的肌膚一樣近。

我們是丫鬟，是來這兒服侍你的，好好服侍你的。我們永遠不會離開你，會跟著你，如影隨形，像膠水一樣輕柔卻永不放手。我們是美麗的丫鬟，排成一列，跟在你背後。

29
尾聲

我們沒有聲音
沒有名字
沒有選擇
只有一張臉
同樣的一張臉

我們承受責罰
這不公平

但我們現在
也在這裡
跟你一樣

我們跟著你
我們找到你
我們現在
呼你喊你
看穿你追你
看穿你追你
追著你

丫鬟們背上生出翅膀，化成貓頭鷹緩緩飛去。

後記

本書主要的資料來源是企鵝版的《奧德賽》（*Odyssey*）（一九九一），作者荷馬（Homer），譯者E·V·里歐（E.V. Rieu），審稿D·C·H·里歐（D.C.H. Rieu）。

另外，葛雷夫（Robert Grave）的企鵝版《希臘神話》（*The Greek Myth*）也是重要的參考書。潘妮洛普的身世和家庭關係——海倫是她堂姊——等等，以及她可能紅杏出牆的傳聞軼事，都能在書裡找到（尤其是一六〇章和一七一章）。我從葛雷夫的字裡行間，推敲出潘妮洛普可能是女神文化的領袖的理論。怪的是，他並沒有注意到十二、十三這兩個數字，和不幸丫鬟之間的關係。他在書中列出故事的不同來源和版本，包括希羅多德（Herodotus）、保塞尼亞斯（Pausanias）、艾波羅德魯斯（Apollodorus）和海吉納斯（Hyginus）等。

荷馬的韻詩幫助很大，尤其是信差之神赫密士的部分。海德（Lewis Hyde）的《騙子創造世界》（*Trickster Makes This World*）也讓我對奧迪修斯的性格了解，多所啓發。

希臘戲劇當中包含吟唱隊，本書的丫鬟詩班就是爲了紀念這樣的手法。至於嘲諷主要劇情的手法，也普遍出現在莊嚴的戲劇出現之前的撒特劇[3]中。

致謝

非常感謝閱讀初稿 Graenme Gibson，Jess Gibson，Ramsay 與 Eleanor Cook, Phyllida Lloxd，Jennifer Osti-Fonseca, Sarya Bhattacharya，與 John Cullen。感謝我的英國經紀人 Vivienne Schuster 與 Dianna Mckay，和北美經紀人 Phoebe

3 satyr play，撒特是戴神的隨從，爲上半身是人，下半身是羊腿的神祇。在演出形式上，撒特劇和悲劇一樣，主角都是神祇或貴族，經由幾個場次（Episode），由吟唱隊穿插其間，演出一個完整的故事。不同的是，撒特劇的精神，在以滑稽戲謔的態度、粗俗鄙陋的語言、輕快放縱的動作，對劇中主角加以諷刺或嘲笑，以呈現他們平常放肆的另一面。

Larmore。感謝加拿大 Knopt 出版社的 Lauise Dennys 編輯本書，充分展現他的才情。謝謝分號大師 Heather Sanqster，也謝謝 Arnulf Conradi，從遠方送來思想的光芒。謝謝 Sarah Cooper 和 Michael Bradley，謝謝你們的支持和午餐。謝謝 Coleen Quinn，讓我保持健康，也謝謝電話頭號快嘴 Gene Goldberg。謝謝 Eilaen Allen 和 Melinda，還有 Arthm Gelgoot 協會。最後要謝謝 Canongate 出版社的 Jamie Byng，謝謝他從蘇格蘭的荊豆叢後面突然冒出來，說服我寫下這本書。

國家圖書館出版品預行編目（CIP）資料

潘妮洛普：潘妮洛普與奧迪修斯的神話 / 瑪格麗特.愛特伍(Margaret Atwood)著；田含章譯. -- 二版. -- 臺北市：大塊文化, 2020.08

面；　公分. -- (to ; 121)

譯自：The Penelopiad

ISBN 978-986-5406-95-0(平裝)

1.希臘神話

284.95　　109009293

LOCUS

LOCUS

LOCUS

LOCUS